新採教師はなぜ追いつめられたのか

苦悩と挫折から希望と再生を求めて

編著
久冨善之・佐藤 博

高文研

はじめに

心を病んで休職する教師が増えています。教師の「現職死」も各地から報告されています。近年の教員政策は教師を支えるどころか、むしろ追いつめる性質を持っています。

なかでも新人教師たち、とりわけ一年目の「新採教師」には特別のプレッシャーがかかっています。二〇〇八年度の公立学校データで、初年度に教師を辞めた人は三一五人で、その数・率とも一〇年前の五～八倍になり、「病気による依願退職」が三〇％に及んでいます。

そしてまた「新採教師の自殺」という痛ましい事例が各都道府県から、あるいは各地の教員養成課程の卒業生のケースとして、聞かれます。

私どもが編集に参加した雑誌『教育』（国土社・現在は、かもがわ出版）の二〇〇九年一一月号では、「教師　いまその仕事を悩ませるもの、支えるもの」を特集しました。その冒頭二八ページ分では、東京で起こった二つの新採教師自殺事件をとり上げ、そのケースの「公務災害申請」に努力する川人博弁護士の「特別報告」と、それを受けての「座談会とまとめ」を載せました。

一一月一日には明治大学で、同誌の合評会として、自殺した新採教師のご遺族を迎え、「教科研・

教師部会（注1）」と「学びをつくる会（注2）」との共催で「現代教育フォーラム／教師の苦悩から再生を求めて」という会を行いました。わずかな宣伝でしたが、そこには六八人もの方が参加し、遺族のお話に耳を傾け、また参加者相互に「事件をどう受け止めるのか」「教師をめぐる状況の困難さ」「どこに解決への道を見い出すか」などについて熱心に議論しました。

雑誌特集から合評会・議論に至る一連の過程で、改めてことがらの重大さと、それへの多方面からの関心の深さを知らされた私どもは、出版社・高文研の積極的な協力を得て、この過程で得た資料や関係に支えられ、『新採教師はなぜ追いつめられたのか』という本書を編集し、これを世に問うことにしました。

本書のⅠ章は、東京の新宿区、西東京市の二つの事件についての川人弁護士の「特別報告」と、二〇〇四年に静岡県で起こった新採教師・木村百合子さん事件についての報告論文を載せました。なぜ短期間に「自殺にまで追いつめられたのか」、事実経過を通して考えたいと思います。また、それがいまだ「公務災害」と認められてないことの制度的問題点も課題としています。

Ⅱ章は、新人教師がこの間、雑誌『教育』に「手記」として掲載したもののうちの三篇を集め、「新人教師の悩みや願い」「新採一年目がどのように特別に苦しいのか」「何を支えにそこを越えたのか」を当事者の体験として載せてもらいました。新人教師たちの手記から何を読むのか、そこから私たちは何を考えるのかについて、編者の受け止めの論文を加えました。

Ⅲ章は、遺族を迎えた（前述の）一一月一日のフォーラムでの議論の中から、一一の発言を選んで載せ、その議論を通して「問題の性格」や「教師たちの困難」「希望へのすじ道」について、どういう現状告発や問題提起があったのかを伝えて、課題の所在を考えようとしています。

Ⅳ章は、『教育』一一月号における「座談会のまとめ」を、本書のⅠ～Ⅲ章の全体を受けて、もう一度読者とともに考え直したいという思いで執筆した、編者の「まとめ」論文です。

本書の末尾の［コラム］では、各地の「若い教師たちのサークル、悩み相談と学習の場」の（全国には多数あるだろうなかの）一端である一五例を、参加者自身に紹介してもらいました。このような新人教師の集まりが各地に多様にあることが、読者の何かの参考になれば幸いです。

私たちは本書で、痛ましい自殺のケースがどうして起こったのかを直視し、そこに「追い込まれる」メカニズムがあることを考えます。同時に、日本の教師たちが、とりわけ新採教師・新人教師たちの抱える困難・悩みが、それを他者と共にする関係がつながり合うことで、追い込まれた状態を開き、越える希望への道があることを考えます。

本書がその課題提起の一石になればと願っています。

編者の一人として　久冨　善之

（注1）**教科研・教師部会**＝本書のもとになった雑誌『教育』（国土社）は、教科研が編集する月刊の民間教育誌。

教育科学研究会（教科研）は、教師・教育研究者を中心とした自主的民間団体。戦中の弾圧を経て、一九五一年に再建。つねに日本の子どもと教育の現実を見つめ、平和と民主主義のもとに子ども・青年の人間的成長をうながす教育の実現をめざし、実践と研究を続ける。雑誌『教育』の編集のほか、研究部会、各地の地域教科研、『教育』読者会などの活動と、毎年一回の全国大会を開催。新人教師たちの困難やその悩み・学習要求、「教師のメンタルヘルス」問題を、教科研はこの一〇年近く一貫して重視し、『教育』誌上でたびたび特集。ホームページ＝http://homepage3.nifty.com/kyoukaken/

「教師部会」は、教科研の研究部会の一つで、活動は本書巻末［コラム］に紹介。

（注2）**学びをつくる会**＝子どもたち自身が主体となり、意欲的に学ぶ教育実践をつくることをめざして、現場教職員と研究者が二〇〇二年に結成した民間教育団体。月例の学習会と年二～三回の集会を開催してきた。集会では、全体講演のほか「授業づくり」「子ども理解」など分科会を開き、そのなかで若い教師の困難と自殺の問題もテーマとした「教師の挫折と再生」もとりあげ学習・交流をすすめてきた。

ホームページ＝http://www5d.biglobe.ne.jp/~manabi/

「学びのWA」は、本会から立ち上がった若い教師・学生の交流会。活動は本書巻末［コラム］に紹介。

❖――もくじ

Ⅱ〔手記〕新任教師・試練の日々からの出発

Ⅲ　なにが教師を追いつめるのか
――遺族を迎えての合評会の討論から

Ⅳ　教師の仕事の今日的難しさとそれを支えるもの

本文イラスト――伊藤　和子
装丁・商業デザインセンター――松田　礼一

I

還らないいのち

——新採教師三人の死

二人の新採教師自殺事件に即して考える

◉弁護士　川人　博（談）

1、新宿区立小学校Aさんのケース

✺「単級学校」で十分なサポートもなく

■川人　はじめに新宿区の事件です。Aさんということにさせていただいて。

Aさんが二〇〇六年に都内の女子大を卒業し、新宿区立の小学校に着任されて、わずか二カ月弱なんですね。二カ月でもう自殺を企図されて命を絶ったというのはとても悲惨なケースであろうと思います。

彼女はですね、私もずいぶんいろんな方から彼女のことについて聞いたんですが、多くの友人

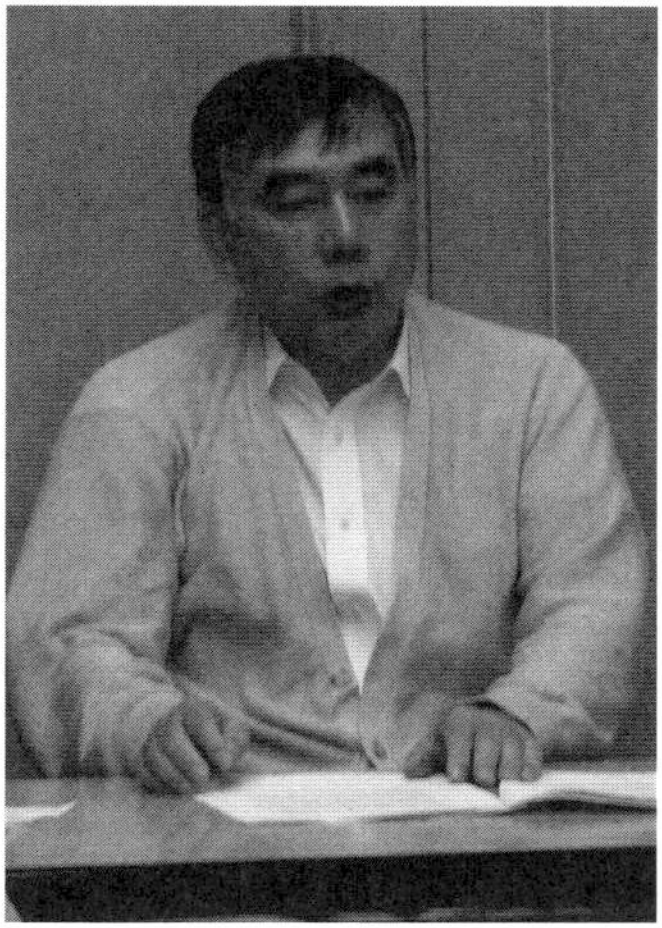

川人　博（かわひと・ひろし）
弁護士。1949年、大阪市に生まれる。1978年、東京大学経済学部卒業。1978年、東京弁護士会に弁護士登録。過労死、過労自殺、労災、職業病を中心に弁護士活動を続けている。東京大学教養学部「法と社会と人権」ゼミ講師も務める。著書に『過労自殺』（岩波新書）『過労自殺と企業の責任』（旬報社）『サラリーマンの自殺――今、予防のためにできること』『壊れゆく医師たち』（以上２冊、岩波ブックレット・共著）『テキストブック　現代の人権〈第４版〉』（日本評論社・編著）『金正日と日本の知識人』（講談社現代新書）『北朝鮮の人権』（連合出版・共訳）『ワーキング・プア――アメリカの下層社会』（岩波書店・共訳）など著訳書多数。「特定失踪者問題調査会」の常任理事を務め、拉致被害者の救済活動の一端を担っている。

からも慕われていたし、学生時代にボランティアをやっていた学校の校長さんにもお会いして、亡くなった後だからそういう言い方をするということではなく、口をそろえて誰もがほめるような人でした。大学のゼミの先生も「明るくやさしい人柄といい、仕事内容の的確さといい、責任感の強さといい――」と言われるような人でした。

じゃあ彼女に何が起こったのかということなんですが、この学校の場合には、新任教師に一般にかかる圧力に加えて、いろんな問題が重なったと思うんですね。

まず各学年が一学級だけという「単級学校」だったということです。一学年で担任が一人。彼女は二年の担任でした。そして指導担当の先生が一年生の担任で、そのクラスが三八人と多く、四、五月は自分のクラスづくりにかかりっきり。指導担当の先生がそういうことで、サポート態勢が不十分でした。

また、その春に多数の人事異動があって、常勤一〇人の半分が異動で移っているんですね。校長の指導方針に意見を言うような、校長から見て扱いにくい人を異動させるということがあったわけです。それでクラス担任六人中残ったのは二人だけで、多くの教師がこの学校や地域に馴染みがない。二〇〇五年度に研究指定を受けていたのに、そういう大量の人事異動があったわけです。

それで、具体的な職務がどのように大変だったかということに関しては、校務分掌は学習指導部、生活指導部、給食事務部、渉外部、クラブ活動などがあって、新任教師には大変だったでしょうが、小規模学校で他の教師に比べて特段に多いということではなかったようです。

先ほど申し上げましたように、単級学校であって、しかも新任であった。二年生クラスの前年の担任も異動して引き継ぎも不十分、新任へのサポート態勢がぜい弱だったということで、初めてのクラス担任という職務のストレスも労働時間も、この間に相当のものだったと思われます。

✳攻撃的な親の言動に苦しむ

■川人　彼女はお姉さんと同居していたんですね。お姉さんは横浜のほうの中学校の先生で、教師としてはちょっと先輩です。で、妹のことを気にかけていたんだけれども、お姉さん自身も忙しいし、十分対応できなかったとおっしゃって。

お姉さんが言うには、自分が寝るときにもずっと自宅のリビングでパソコンを打っていたと。

学校内の労働時間や土・日の出勤に加えて、就寝は午前一時頃で、朝六時半には自宅を出る。睡眠不足が続き、この間の超過労働時間は一カ月一〇〇時間を超えていたと推定されるような状況だったんですね。

そして、彼女のこんな悲劇的な死亡というのは、直接的には保護者の彼女に対するかかわり方というのが大きな影響を与えたと言えます。とくにある保護者の方がですね、連絡帳に小さい字で、いろいろなことを書いてきて。たとえば四月初めの、自分の名前を習った漢字だけを使って書きなさいという指導にたいする疑問から始まって、当初はまだそれでも一応、常識の範囲なんですが、後半は書く言葉自体がひどくなる。

特に五月二二日の連絡帳ですが、「子どもと向き合っていないのではないか、保護者を見下しているのではないか、結婚や子育てをしていないので経験が乏しいのではないか」などと書かれています。大卒で赴任してきて「結婚もしていないので経験が乏しいのではないか」と言われても困ります。

彼女がこのことについて非常に参っていたというのは、同居していたお姉さんが詳しく話してくれました。「親から言われちゃった」とずいぶん悩んでいたと。大学時代の友人にたいしても「連絡帳にびっしり書いている保護者がいる。何を書いて返せばいいのかわからない」と悩みを打ち明けています。その友人によれば、Aさんがコメントを付けて返したところ、それを消しゴムで消して「もういいです」と書いてあったこともあったとのことでした。

それに関連して、この問題に対する、校長のサポートのあり方がどうだったのかということが非常に重要になります。

✺校長、副校長の言葉にさらに追いつめられて

■川人　校長の対応の仕方ですが、私の考えで端的に言えば「毅然とするところは毅然とする」、保護者にたいする対応の仕方として、新任教員を正しい意味で保護するというか防衛して、「保護者の行き過ぎた言動にたいしては言うべきことは言う」と、こういうあり方が必要だと思うんです。
本件では、Aさんが指導担当の教師に五月二二日の連絡帳のことを報告していますが、その教師は、「保護者を見下すなんて、そんな教師じゃない」と正当な意見を述べました。ところが校長は、「今日のことは呆然とした」と、その指導担当教師への文書に書いているんです。校長がやったのは、「あなた（Aさん）から保護者に電話をして謝るように」という指導でした。何を謝るのかわからないんだけれど、とにかく謝るようにと。

その結果、Aさんは、この日の対応でかなり深刻な心理的負荷を受けた。これが二二日の出来事で、五月二七日に一回目の自殺未遂をするんですよ。

その間にもいろいろなことが立て続けに重なって。先ほどの連絡帳の保護者の方ではないので

すが、別の保護者四人の方が彼女のクラスの授業参観を行い、それが終わった後に校長室に行って、「子どもがもめても注意してない」とか、いろいろ意見を言っています。

また二五日には、六月にある「子ども会のチケット」を配布することになっていたんですが、彼女がたまたま配布するのを忘れたんですね。で、副校長が、「放課後、そのチケットを各家庭に持って行くように」と指示して、彼女が一軒一軒「忘れました」と言って持って行った。

私は、その必要があるのか、翌日配布すれば済むことなのにと思います。

お姉さんの前で初めて涙を流して。あるいは二六日の夜に学生時代の友人に、「親から、あの先生は信用できないということを言われた」「校長に、親が信頼できないと言っていると、伝えられた」「自分がふがいない」と話して。それで二七日に自殺未遂があってですね。三楽病院（東京都教職員組合互助会）に行って診ていただいて、「病名　抑うつ状態（適応障害の疑い）」という診断で、薬ももらったんですけれども、結局、助からなかった。三一日にほんのわずか家族の眼が離れた隙に、お風呂で自殺をしてしまったんです。翌日死亡が確認されました。

✳労災として認められないという地公災の結論に不服申し立て中

■川人　その後、八月に入って家族が気がついた書き残されたノートには《無責任な私をお許しください。全て私の無能さが原因です。家族のみんなごめんなさい。》とありました。

死亡後しばらくして、ご両親と相談をして、これは彼女だけの問題ではない、「公務による過重な労働、過度のストレスによって、精神疾患に罹患して、その結果、自殺企図に至ったもの」ということで、できる限りの状況調査をしまして、公務災害の申請をしたわけです。

遺族代理人として、その年の秋に記者会見をしました。それで、現時点（二〇〇九年七月）でどういう手続きになっているかと申しますと、地方公務員災害補償基金（地公災）の東京都支部が「公務外」という判断を出して、労災として認められなかったんですね。

しかし、端的に言いますと、はじめに地公災東京支部で委嘱した専門の精神科医師も「公務上災害」という意見で、支部として「労働災害と認める」という方向の意見だったんです。なのに、本部でものすごく長期間引っ張られまして、それで本部のほうがその結論をひっくり返すことが可能なような誘導質問をしてですね、本部からの「回答」、それを受けて支部の結論が「公務外」となりました。ですから記録開示を求めて出てきた「一件記録」を見ますと、明らかに本部に上げるまでは支部関係者も「認めるべきだ」という意見だったのですが、それをひっくり返した、すべて本部の意向ですね（注）。

この「公務外」決定が二〇〇八年九月で、すぐに「この決定に不服である」ということで、東京都の支部審査会に不服申し立てをしまして、現在はその審理過程です。

同時に、情報開示請求をしまして、先ほどのような経過が明らかになりましたので、先日の審査会で、「支部が本部に従属しなければならないというのはおかしい」と意見を言いました。逆転して公務上と認める可能性もあるかもしれませんが、これはわからない。いまはそういう段階です。〔**第二刷追記**＝このあと2010年3月5日、公務上災害との採決がなされました。35頁参照〕

〔注〕地公災には各都道府県ごとに支部がある。本来これら各支部で自律的に公務上外の判断をすべきであるが、現状では、各支部から「本部」に「一件記録」が上げられ、これに対して「本部」が指導して各支部に結論を押しつけている。

なお、ここで言う「本部」とは通称で、地公災の事務局をこのように呼んでいる。

2、西東京市立小学校Bさんのケース

✵万引き事件で理不尽な対応を迫られて

■**川人**　つぎに西東京のケースもまったく同じことなんですね。

彼女は、Bさんとしましょう。Bさんは、同じ二〇〇六年四月に西東京市立小学校の教員として新採で赴任して、やはり二年生の担任なんですね。生徒数は三六人と多かった。関係者から彼

女の話を聞きましたら、まじめで明るい性格だったということで、小さい頃から学校の先生になりたいというのが夢だったそうです。

このケースも直接的な引き金になったのが保護者の言葉です。「〇〇くんが万引きをしている」という情報が別の保護者の方から入ってきて、彼女も放置するわけにもいかなくて、そのことについて対処する。その過程でですね、その疑われた子のお父さんが、「うちの子はやっていない」「なんという言いがかりをするんだ」ということで、担任のBさんに強く当たるんですね。校長に対しても抗議したわけです。

ところがその後、別の店で実際にその子が万引きをしているという現場が、防犯カメラに映っているという事件が発生しました。万引きをしたと思われる子の担任だということで、夜に呼び出されてコンビニに行って謝るということがあって。その場でお父さんがなかなか認めようとしなかったので、延々とやりとりが深夜まで続いて、Bさんも店に留まって終電で帰宅するということもありました。結果的にはそのお父さんも認めざるを得なかったんですけれども、そこに至るまでに大変悩まれて。

この過程で、彼女が万引き問題について「保護者への言葉が適切じゃなかった」ということで、学校管理職の指導で、教師みんながいる場で「万引き問題でうまく対応せず、その結果学校に迷惑をかけた」と、彼女が「申し訳ありませんでした」と謝るんです。実際、何を謝らなければばいけないの、というようなことで謝るんですね。彼女がその謝るために、走り書きでメモを書いているんです。「校長先生に迷惑をかけて申し訳ありません」と。

それは亡くなったあとに彼女の部屋の中からぐちゃぐちゃにしたメモとして発見されるんですが。同僚の先生も「なんで、校長に迷惑をかけたと言わなくてはいけないんだ」と語っていました。いずれにせよ、この事件と、その後の経過が大変だったんですね。

✺超過勤務は一カ月に一〇〇時間強

■川人　もう一つはですね、クラスの生徒の上履きが隠されるという事件や、体操着が隠されるとか、給食費を納入できない子どものケースへの対処とかがあって。それがいろいろ問題になって、七月の初めに保護者会があるんですが、その時に、「トラブル続出〜！　戸惑っていらっしゃるのでは……と心配になりました」と保護者が書いている。その時の連絡帳のコピーが残っているんですが、とにかく万引きの問題だとか、上履き・体操着や給食費の問題だとか、他にもあるんですが、そういうことで「このクラスはものすごくもめている」と先生を非難する保護者もいれば、先生のほうが大変だと、先生をかばう保護者もいるという状況がありました。

Bさんは、朝六時台に家を出て、七時三〇分頃には学校に着いて仕事を始めていました。夜は午後八時から九時になることが常態化しています。帰宅後も、持ち帰ったテストの採点、給食分担表の作成、学級通信作成などで深夜〇時を過ぎても仕事をし、それに保護者から夜遅く携帯に電話が入ることが多く、その対応にも追われた。

五月には担任の子の万引き事件もあったわけです。この間の実質的な超過勤務時間は、一カ月に一〇〇時間を超えていたと思われます。

✺「休んだら本採用にならない」という恐怖の中で

■川人　それで結局、彼女はどういう経過をたどるかというと、七月一八日の通勤途中に最寄り駅で進めなくなり学校に行けなくなって、夏休み直前から病気休暇に入るんです。

で、九月からどうするかということで、今から思えばもう完全に休暇をとって休むべきだったわけですが、彼女は「このままだと自分は正式採用になれない」ということをずっと気にしていたんですね。というのも、西東京市の新採を全員集めた研修会がありましたが、そのときに一番初めに、「がんばりが足りないと分限免職になる」「とにかく休んだりしたら本採用にならない」、その上、「これやっちゃいかん、あれやっちゃいかん」といろんなことを言われている。そのことについて、他の新採教師の先生に聞いたら「(研修会での話を聞いて)一日も休めないと思った」とのことでした。だから、彼女は自分の将来にも不安を覚え、結果的に九月の新学期に学校に戻ったんですね。

I　還らないいのち――新採教師三人の死

で、戻ったということについても、学校側の判断に問題は残るんですが。

戻ってからも、夏休みの作品をめぐって、一人の子どもの作品が展示されていないことで問題になったりとか、クラスの中のいじめ問題とか、そういうことがあって。結局もう一〇月ぐらいからかなり重症となり、一〇月二三日には母親あてのメールで「毎日夜まで、保護者からの電話とか入ってきたり、……つらいことだらけだけど……」と訴えています。

結局、一〇月の後半にまた病休に入って。それで病休になった直後、一〇月の末に自殺行為に至り、意識不明のまま、一二月に亡くなってしまいました。意識不明の状態が続いて、息を引き取って死亡が宣告されたのは一二月なんですね。

そういう事件があったにもかかわらず、校長は翌年の二月、三月の職員会に、また研究指定校を引き受ける件を持ちだしたそうです。その時は、若手教員が涙を流しながら、「そんなひどいこと、やめてください」と発言するということがあったと聞きました。

それでも校長は自己の主張を押し通しています。この学校は、同時期に二人の教師が精神的な病を発症して休職ということで、大変な学校だったにもかかわらず。そして、あろうことか、校長は研究指定の成果で、その後、都から表彰されています。

✺「どうしてこれが公務災害ではないのか」という例がいっぱい

■川人　彼女と親との間にはメールのやりとりがあって、自殺一週間前には先ほど触れましたような母親へのメールもあったわけです。

両親は、新宿のAさんのことも聞いて、同じ年に同じような状況の下で亡くなったので、何とか学校の職場を改善してほしいということで、労災申請の手続きをしました。

私としても、これについて公務災害の認定に多くの方が努力することでなんとか状況を改善していきたいと思いました。

で、このケースもまだ結論は出ていません。このケースも支部の方は「公務災害である」と思っているということは本部に言ってあるらしいけれど、どうなるかわからない、現在もまだ本部が抱えているという状況です。

学校の先生については「どうしてこれが公務災害ではないのか」という、そういう例がいっぱいありますね。これは、特に地公災・本部の問題でもあるし、学校に死者が出ても校長を表彰するような教育委員会側の姿勢の問題でもあろうかと思うんですが。

先ほど言いましたように「あれっ」と思う事件が「公務災害ではない」と判断される。民間の場合は、労働基準監督署によって「労働災害だ」と認められる。国家公務員には「人事院」がありますが、地方公務員には人事院のようなものもなく、結局、地方公務員災害補償基金が認定するかどうかということで、基金本部は「お金は出したくない」と考えている。それに認定されたとしても、基金は職場の改善について何も指導はしないんですね。

この問題は、職場の改善にもすごく影響を及ぼす問題ですよね。その意味でも、労働者を守るという役割を、地方公務員の場合に何らかのかたちでどこかが果たすべきではないのかなと。そして労災の認定をすると同時に、それを受けて職場を改善する義務がある。

国家公務員の場合の人事院は指導もします。地方公務員の場合「問題点を改善する独立した機関の不存在」という法的な問題点があるわけですね。

長くなりましたが、以上ご報告です。ご質問とかありましたら、どうぞ！

3、質問と応答

✺認定されにくい自殺による教員の公務災害

■**司会**　ていねいなご報告と何点かの問題提起、ありがとうございました。では質問があれば？

真っ先に司会者から質問するのも変ですが、こういう場合、職場から「これは公務災害だ」という意見は出ないんでしょうか？

■川人　西東京の場合は同僚たちが「じっさい彼女がいかに大変だったか」と意見を言ってですね、運動とまではいかないけれども証言があり、そういう文章の提出はあるんです。新宿のほうは、ご遺族の知り合いが集まったクローズの集会を今まで三回やりました。学校時代の友人たちとかで。

■**質問者1**　これで公務災害と認定しないとすると、何が自殺の理由だとしているのでしょうか？

■川人　いや、本人が弱いというだけ。ただね、変な話、現行実務では、向こうは証明する必要はないんですよ、論理的にはすごくおかしいんですけど。こちらのほうは「公務で過労やストレスがあった」と言う。で、向こうは「そんなにたいした過労やストレスはなかった」と言うだけなんです。積極的に「この人は個人的なことで悩んでいた」とか、認めない論拠としていろいろ向こう側が言うことはないんですね。「過労やストレスはたいしたことではない。この程度は他の人でもある」と言うだけで、それで却下するんですよ。別の原因があったということを積極的に証明する必要はないんですね。そういう扱いになっているんです。

それで、事実上は「性格が弱かった」とはっきりとは言いませんが、そういうニュアンスをにおわせている。失恋とか家族的な悩みがあるような事件の場合はもともと申請しないんですよ。そういう例はほとんどない。

ですから申請があるのは、業務外の理由がないケースです。「過労もストレスもあった。でもその程度はそれほどでも」として、ニュアンスは「性格が弱かった」とちょっとちらつかせる。裁判所になるとそうじゃないんですが、公務災害申請では、地公災側は、却下するのに原因は言う必要がないという考えなんですよね。

■質問者2　そうすると、認定されるのはどんなケースなんでしょうか?

■川人　脳・心臓疾患、脳卒中とか心筋梗塞とかのケースは公務災害認定がある程度あります。だけど自殺ということになると、なかなか。最近で認められたのは千葉で校長のパワーハラスメントのケースですね。校長が言ったことについて証言があって、認められましたよ。だから全然認められないわけではない。

正確に統計を取ったわけではないんですが、我々が資料を集めている範囲で言えば、地方公務員では、精神的な疾患で公務災害の認定を受けたというのは非常に少ない。年に何件かぐらい、亡くなった人以外も含めてね。ゼロではないです。

■質問者3　先ほど回覧していただいた資料では、今世紀に入ると、精神性疾患による自殺の申請のうち、認定を受けた件数が三分の一ぐらいあるように見えたんですが。

■川人　それは民間です。

■質問者3　ああ、なるほど。

✺労災認定、一番悪いのが地方公務員

■質問者2　教師の自殺は毎年一〇〇人前後という統計もありますが、その中で公務災害の申請の割合というのはどれだけあるんですか。

■川人　わかりません、公表してないですから。認定数は、今、民間で言うと、自殺のケースではだいたい一年間に六〇件から八〇件認められ、およその職種も公表されています。しかし、地公災は、公務上認定の数を職種別や疾病別には公表していません。

■質問者1　公立学校教員の自殺の数を出している資料はありましたが。

■川人　もちろん組合などで要求すれば資料が出てくる可能性もあります。現時点で我々が公表資料として知ることができるのは、地方公務員全体での自殺の数です。職種別に、何人が自殺し、そのうち何人が公務上認定されたのかを公表するよう迫るべきです。

■質問者1　子どもの自殺だったら「本人が弱い」とかそんなこと絶対に言わないですよね。必ず原因を追及するはずですが。同じ教育の場で、教師はどうしてなんだろう。

■質問者2　今まで認められたケースは明確な根拠が証明されやすいケースだとすると、この新宿のケースはどうなんでしょう？

■川人　私どもの経験では、新宿も西東京も、民間であれば絶対に認められる。私立小学校なら、

もうとっくに労災認定してますよ。そういう意味で言うと、もう根拠は明確なの。千葉の校長のケースが明確で、新宿や西東京のケースが不明確ということはない。だって、連絡帳の写しがあって保管されているんだもの。万引きのケースだって、みんなもう知っているわけですよ。夜遅くまでコンビニまで行ってとか、そんなトラブルみんな知っているわけでしょ。

ですから「明確か、明確じゃないか」という基準で言えば明確だと思いますよ。民間であればもう認められている。労働基準監督署の民間の基準から言えば、こんなケースはもう早々に労災ですよ。国家公務員でも認められると思うんです。

一番悪いのが地方公務員なんですよ。特に西東京の場合は同僚の先生方も多く証言している。新宿のケースも、新宿区教育委員会の人が、かなり公務災害に近い立場での意見を、新宿の区議会でも証言しているんです。だから全体としては「公務災害だよ」という雰囲気もあったわけですよ、新宿については。ところがさっき言ったように、本部でダメだということでひっくり返ったんです。

✺理不尽な保護者の言動より管理職の姿勢こそが問題

質問者2　保護者から訴えられるかもしれないという理由で、教師が今、訴訟保険に入るケースが増えています。このケースでは、逆に保護者の理不尽で執拗なクレームや行為にたいして、教師も人格を持っている存在として「尊厳を傷つけられた」と訴えてもいい事例だと思います。実際に体に変調をきたしたり、それが原因で精神的にきつくなったという場合、教師が実際に保護者を訴えられるんですか。

■川人　まあ理論的には訴えられるでしょうが、やらないですよね、教師は。

■質問者2　私もやらないとは思いますが。

■川人　私はね、この二つの事件とも直接的な引き金は保護者の理不尽な言動ではあるんだけれども、ある意味では「世の中にはそういう人もいる」ということも含めて、学校全体として受け止めて管理体制を組む必要があると思うんですね。それで校長や副校長、あるいは生活指導の先生たちが一緒になって、そういう理不尽なことを言う保護者もいるけれども、どのように対応していくのが適切かを考えるべきだと思うんです。そういうことが機能しないんですね。

校長が「自分の業績をあげるため」とか、強引な人事異動をやっている。そういう意味で「いかがなものか」と思うような校長がけっこういて、そういう管理職がいるところで、こういう「理不尽な保護者」の問題が起こったのが、この二つのケースの構造だと思うんです。

私の知り合いで校長をやっていた人は、自分の裁量でできる範囲ですが「新任教員は絶対に一年間は担任を持たせなかった」「持たせるとしても細心の注意を払った」と言うんですよね。で、具体的なことでもいろいろなるほどと思うような配慮をしているんです。

それから新宿のAさんが亡くなったことは、『朝日新聞』の東京版（二〇〇七年六月）に出たんですね。それを見て、東京の別の小学校では、新任教員で同じように二年生を受け持っている先生が、大変だというので、特別の態勢をとっています。

ですから管理職がしっかりして、一応常識的な感覚を持っていればすぐに対応するんです。でも、西東京のほうはまったく反省してないですよ。新宿の事件が発生してもそのことがまったく生かされていないんです。

✺保護者の過剰な要求に学校は毅然とした態度を！

■質問者3　親からのクレームに対する学校の対応のあり方ということでは、こうした事件からどうお考えですか？

■川人　「親が弁護士に相談して、こういう権利があるんだというように怒鳴り込んできているんだけれど、どうしたらいいのか」という知人からの相談もあります。それがまったく理不尽な場合は、「そんなのは言いがかりに決まっているんだから、毅然と対応すればいいんだ」と、そう言って答えることはありますよね。それで対応すれば終わりなんですよ。

ところが「保護者は消費者・神様、保護者の言うことは全部聞かなきゃいかん」というようなイデオロギーのために、悪いほうに悪いほうに動いている側面があるんですよ。

理不尽な言い分には、それは毅然と対応することが、実は本当の意味で学校教育として必要なわけですよね。

で、この二つのケースは両方とも毅然とした対応をしていないわけです。管理職が「保護者が文句言ってきているから」ということで、「なんとか穏便に、穏便に」と、どちらかというと保護者が強いわけです。そこで「防波堤になって理不尽なことにたいしては対応する」、もちろん正しい指摘に対しては指導しなければいけないですが。

いわゆるモンスターペアレンツという問題があるけれど、世の中にはそういう人もいる、保護者の過剰で不当な要求や言いがかりとかもあるということで、そのことも含めて学校側がきちっとした体制をとって毅然とした態度で対応するようにすればいい。そのためには単級学校で新任教員に一人で担任をさせるとか、西東京市のように病人が出て二人も休職しているような脆弱な体制のもとでは、現代の困難な教育はカバーできないですよね。ですので、学校側の管理職や教育委員会が、どれだけきちっと対応するかが問われている。

✺若い人たちが行き詰まった時、支えてくれる場とは?

■川人　あと最後に、気になっていることを一つだけ。これは組合を非難するわけではないですが、新宿の事件で彼女の遺品を整理しましたが、着任してきた時にもらった二つの組合からのチラシがあって、両方とも「憲法改悪反対」、あるいは「教育基本法改悪の問題」とか書いてあるんですが、それは新採教員には遠いというか。

もちろん教育基本法の問題とかは大事だと思うんですが、彼女が四月に入って、教員としてスタートして、これからどういうふうにやっていけばいいのか、そういう置かれた立場とか心情を考えると、教育基本法改悪断固反対みたいな言葉は、ちょっとそぐわないんじゃないかなという気が、私はしたんですね。

こうしたケースでよく質問を受けるのは「組合は何をしていたのか」という声なんですね。新宿のケースでは組合員も少しだったと思うんですが、西東京のほうは比較的組合員がいると聞いています。ただ、新宿の彼女が受け取ったああいう内容では、自分が組合にＳＯＳを発するという気にならなかったのではないか。

今「いのちの電話」とか、ＮＧＯとか、さまざまの相談窓口があります。若い人たちが苦しい立場に置かれていることについて、情報を提供したり、あるいはＳＯＳを発した時に支えてくれるのが組合の役割ですよね。教職員の場合、民間に比べれば労働組合もきちっと存在しているわけですから。このへんは誤解のない範囲で「問題提起」として受け取っていただければと思います。すみません、このへんが限度なので、あとはよろしく。

■司会　質問にも力のこもったお答えをいただいて、本当にありがとうございました。

（『教育』二〇〇九年一一月号所収の「特集1〈座談会〉二人の新採教師事件に即して考える」〈同年七月二五日に行った〉に加筆修正したものです。）

〔19頁追記〕地公災東京都支部審査会は、平成18年6月1日に死亡した女性新任教員（新宿区内の小学校に勤務）の死亡につき、これを公務上災害と認定する旨を遺族に通知し、平成22年3月5日、その裁決書が遺族代理人に配達されました。

この裁決は、平成20年9月5日の東京都支部長の公務外認定処分を取り消したものであり、本件申請が平成18年10月に行われて以来、約3年半を経て、ようやく公務上認定がなされたものです。本来であれば、速やかに公務上災害と認定されるべき事案がこれほどに長くかかったことは、たいへん問題ですが、他方で支部審査会が良識を発揮し、的確な結論に至ったことを高く評価するものです。

本件の公務上判断は、新任教員の過労及びストレスによる死亡を労災と判断したものであり、同種の事案（公務上災害申請事案）にも大きな影響を与え、それら事案も公務上認定につながるものと確信します。なによりも、本件のようないたましい事件が二度と繰り返されないようにするため、教育行政に携わる人々、現場の教員の方々、また、保護者の方々が、本件の公務上決定を受け止め、教育現場の改善のために努力されることを心より期待します。

最後に、長きにわたり、公務上申請を続けてきたご家族に心より敬意を表し、支援してくださった皆様方に深く感謝します。

（弁護士／川人　博）

木村百合子さんを死に追いやったもの

◉公立中学校教諭　岩井　一夫

二〇〇四年九月二九日、静岡県で新規採用の若き教員が自殺した。大学卒業後まだ二年余りの木村百合子さん（当時二四歳）だ。この自殺の背景には見過ごせない管理職の対応と、多くの新任教員の置かれている問題がある。本稿では本人が残した記録やご両親、本人が信頼している人の証言をもとに、この若き教師が死に至った問題を見ていきたい。

✺親にとって娘の死

突然の死をいまだに受け入れることができないのは両親だ。百合子さんが亡くなって一年半になる四月上旬、両親は当時の率直な思いを次のように書いた。

一　私達の娘百合子は、教員採用が決まり、小学校教師になると喜んでいました。それなのに、教師になってわずか半年で、なぜ死に追いつめられてしまったのか。生きていれば今年教師三年目です。

親にとって、自分たちの命よりも大事なわが子が自殺してしまうとは、本当にむごい事です。娘も無念だったでしょう。私たちも非常にやりきれない思いで一杯です。

学校と教育委員会は、「学校には、自殺の要因はあったが原因はない」と言い、上司からの暴言や叱責については「それは指導だ」と言っているのです。

私達は、この事件の真相が一日も早く究明される事を心から願っています。そして、「娘の死を無駄にしたくない」と強く思っています。

何よりも、娘の様な悲惨な状況が子供達の上にも、先生達にも起きてはいけません。その為に、娘の身に起きたことを、学校の中で役立ててほしいのです。

この事を隠してしまうのではなく、なぜ起きたのか、なぜ防ぐ事ができなかったのか調査してほしいと思います。

二〇〇六年四月八日

木村百合子の両親・木村憲二
和子

教師になるのを夢見て、それを実現して頑張っていた娘が、ある日突然いなくなってしまった。この時のご両親の気持ちは想像を絶するものがある。

「子どもの命は親の命よりも大事なのに、子どもが死んでしまう辛さは言い表せません」と、百合子さんの母親は語った。娘がなぜ死ななければならなかったのか、原因はどこにあるのか、せめてそれらを知りたいというのは残された両親の最低限の思いだろう。

✺子どもたちにとって教師の死

◑——木むら先生へ。木むら先生、今までいろいろおしえてくれてありがとうございました。ぼくは、木むら先生をおこらせたりしてしまってすみません。きょう九月三〇日のちょう会で、木むら先生がいなくなったと聞いたらなけそうになったけどがまんしました。でも、きょうしつについたらなけてしまってなみだをこゆびでふきました。木むら先生、てんごくでずっとみまもっていてください。（T・K）

◐——木村先生へ。私は、木村先生の事が心配でした。最初、先生が来なくて、かぜなのかな？と思っていました。先生が来ないと、四の二の教室が明るくなりません。いつも元気だったのに、思いがけないじこで亡くなったと聞いて、すごく悲しいです。今まで本当にありがとうございます。天国で、私たちの事をみまもっていてください。先生と私で遊んだり、勉強したのはたった

の五か月です。とても悲しいです。(R・I)

百合子さんの死後、担任した子どもたちは、一人一人が書いた手紙を『大好きな木村先生へ4年2組より』というタイトルをつけて綴じてくれた。それを読む限り、百合子さんは、子どもたちにとって明るく、元気のいい、頑張り屋さんの先生だった。

その先生が突然、教室からいなくなってしまった……。百合子さんの死が子どもたちに与えたショックは測り知れない。

✺採用からわずか半年の死

木村百合子さんは、二〇〇三年の春に地元の国立大学の教育学部を卒業した。大学時代は、活発、行動的な学生で、タイやベトナムへボランティア活動に参加した。恵まれない環境の中で育つ子どもたちのために、進んで活動した積極的な学生だった。

大学卒業後は、自宅近くの小学校に臨時講師として一年間勤め、この年の夏、静岡県の教員採用試験に合格し、翌年二〇〇四年から同じ小学校に配属となった。

百合子さんが受け持ったのは、児童数三二名の四年生のクラスだった。このクラスでは、四月当初からいじめなどの問題が起こり、また、ADHD(注意欠陥・多動性障害)ではないかと思われるAくんが在籍していて、四月当初から様々な問題を起こしていた。この後、百合子さんはA

くんの対応に追いまくられることとなる。

百合子さんが苦しんだのはAくんへの対応だけではなかった。百合子さんはAくんの問題を周りの先生に投げかけている。しかし、Aくんの前担任で百合子さんの指導教員でもあった教員の言葉は、後述するが、およそ「指導」とは言えないものだった。

Aくんへの指導がうまくいかず、周りの先生に相談しても、指導への助言がないばかりか、叱責されるだけで認めてすらもらえない。これは新採の教師にとってたいへん辛いことだった。それに苦しんだ百合子さんは九月二九日早朝、自分の車の中で全身に灯油を被り焼死したのだった。

✴「おまえの授業が悪いから、Aが荒れるんだ」とののしられて

四月から百合子さんはADHDの疑いがあるAくんの対応に相当参っていた（不思議なことにAくんについての詳しい情報の提供は前担任からはなかったという）。

彼女は五月二六日より、養護教諭の勧めもあって、Aくんの行動について、几帳面にノートをつけている。それは九月末までで大学ノート二冊に及んだ。日によっては一日六ページ以上記録されていることもあった。

例えば、七月の中旬のノートにはこのように記録されている。

《Aは配られたプリントを後ろにまわさない。自分のプリントを床に捨てる。私が拾って渡す→

すてる↓私が拾って渡す↓Ａ「汚れる」と叫んで机を動かす。
◆一時間目・国語＝かばんを片付けないで抱えている。私がかばんを片付けようとするが、Ａはかばんを離さない。交換させようとすると大声で叫ぶのでやめる。
私が近づくと「汚れる」と叫ぶ。グループ活動を始めるが嫌がってやらない。大声を出す。会話にならない。このまま続けるのは不可能と判断し、Ａを理科室へ連れて行くがさわぐ、わめく。「先生、失格」「先生、それで教師」「嫌だ」とＡが逃げる形で教室へ戻る。

Ａが教室に入る。ＢがＡに足をかける。Ａが転ぶ。ＡがＢをグーで何度もなぐる。私はあわてて止めに行く。Ａは机にうつぶす。防災頭巾をかぶる。
◆二時間目・算数＝途中でＡが教室に入り席に着く。大声で「前とか後ろに一生来ないで」「先生が来るとストレスがたまる」「汚れる」「命かけろ」「うわー」と叫ぶ。Ａは床にチョークで私が入ってはいけない範囲を書く。また、黒板に赤で「木村後ろに来るな」と書く。
◆三時間目・体育＝跳び箱中、Ａが横入りをするのでやめさせる。すると、Ａが私の腕を赤くなるほど何度も叩く。》
百合子さんがいかにＡくんのことで必死に格闘しているかがわかる。毎日ではないにしても、このような日々が学校で続いたらその教師の精神状態はどうなるだろうか。ましてや彼女は新規採用なのだ。

百合子さんはこのような状況の中で、Ａくんの問題を何とかしようと様々な努力をした。彼女はＡくんのことやＡＤＨＤのことを詳しく知るため、大学時代の先生や「ＡＤＨＤ親の会」の方や専門家にも積極的に連絡し、教えを請うている。その相談のためのメールにはこう記されている。

《私のクラスに大変衝動性が強い子がいて、その言動は明らかにＡＤＨＤであろうと思われます。しかし、四年生になるまで専門機関への受診はありませんでした。それどころか、保健室や生徒指導に情報が伝えられずにきました。すでに本人の自己評価はとても低く、「自分でもどうしてそのようにしてしまうのかわからない」とその子自身が前担任に話しました。

この子もとてもつらい気持ちを抱えて生活しています。私も大変です。その子の辛さを受け止めてあげようと思っても、その子から日々浴びせられる暴言に心が萎えていきそうです。その子の回りでトラブルは山のように起こりますし、その子がパニックを起こしたり、他の子に危険があったとすると、体で止めているという状態です。本当に必死な毎日です。私自身（自分で言うのは図々しいでしょうが）、本当に一生懸命やってきました。言い換えれば、必死にならなければ毎日を過ごせない状態でした。

そうして過ごしてきて、ある先輩教員（その児童の前担任）からは、「悪いのはＡくんではない、おまえだ。おまえの授業が悪いからＡが荒れる」と言われ、生きる気力がなくなりそうに感じました（その教員は、ＡくんがＡＤＨＤの可能性が高いと、去年から認識していたにもかかわらず）。

養護教諭の先生は、ＡＤＨＤに詳しく相談や助言をしてくださいます。これからは保護者と話をしていって、専門機関への受診を勧めていきたいのですが、まだ時間がかかりそうです。保護者に話をしていくのはとても難しいようです。一刻も早く、保護者の理解を得たり、専門機関と連携をしたりしていきたいと切に願っています。

苦しくて。苦しくて。苦しくて。苦しくて。……

七月一七日》

✺「アルバイトじゃないんだぞ。ちゃんと働け」という叱責

新規採用教員は、指導教官のもと一年間初任者研修が義務付けられている。研究授業や講話、職場体験など研修の中身は様々だ。そして、この研修の記録を毎日日記のようにつけ、指導教師に提出している。この記録は管理職である校長も目を通し、指導をすることになっている。

百合子さんもこの研修記録を毎日欠かさずつけていた。これは指導教員や管理職に提出するものだから、指導教師や管理職へ批判めいたことは書かない。しかし、六月二五日の記録を読むと、他の日よりもかなりの長文で、ある先生のことについて書いている。

《六月二五日（火）　ある先生が私に、「給料もらってるんだろう、アルバイトじゃないんだぞ。ちゃんと働け」と言った。この発言にはこの先生の意図や思考の流れ（思い）があり、この部分

だけ取り上げると誤解を招く。しかし、この言葉は私の心に突き刺さった。夜中になって私は思った。この三カ月間、私は元気のない日もあったたし、授業ができなくて助勤に入っていただいたこともあった。授業も下手だし、指導ができていないところもたくさんある。他の先生方にたくさん助けていただいたし、特に四年生の先生方にはいろいろ教えていただいた。新採だからという甘えた気持ちも持っていたと思う。けれど、私はこの三カ月、自分の最善をつくしてきた。他の誰かと比べたり、平均的な基準と比較したりしていないが、私は自分の最善をつくした。そのことだけは胸をはっていようと思う。》

教師にとって、子どもとうまくいかないというのは本当に辛いものだ。教師に向いてないのではないか、人間として何か問題があるのではないかと考えてしまうものだ。しかし、そういう時に、「わかるよ、その気持ち、私も何度悩まされたことか、そういう時はね……」とか、「大変だけど助け合って頑張ろう。今度そういうことがあったら、こんなことをしてみたらどうだろう」など、同僚の言葉によって救われることがある。問題が解決しなくても頑張りを認めてもらえるだけでも大きな救いとなる。

ところが百合子さんの場合、その同僚からかけられた言葉は「給料もらってるんだろう、アルバイトじゃないんだぞ。ちゃんと働け」だった。もちろん、新規採用教員であるわけだから教師として指導力の面で弱点や力の至らないことは多々あっただろう。しかし、彼女の頑張りは、ほ

Ⅰ　還らないいのち――新採教師三人の死

められることはあっても、叱責されることではないだろう。彼女の失意はたいへんなものであったに違いない。

そしてこの頃、百合子さんは明らかに体調を崩していた。四月下旬から初任者研修実践記録の「心の健康欄」に自身のコメントをすることができなくなっていた。

さらに五月に入ると、不眠や精神状態の不調を訴え、多くの同僚教師が、百合子さんの元気がない様子や涙ぐむ言動がおかしいと気づいていた。家族も、百合子さんがげっそり痩せてしまったこと、夜中にわあわあ大泣きする様子を見て、心配し、胸を痛めていた。

夏休みに入ると、百合子さんは臨床心理士のカウンセリングを受ける。Aくんへの対応のむずかしさや、周囲に相談できる相手がおらず追いつめられてしまう苦しみを訴えたところ、臨床心理士は百合子さんが受けている精神的負荷が大きく気分の落ち込みがあり、食事や睡眠にも障害が生じていることなどから、百合子さんが抑うつ状態にあると感じ、精神科の受診や薬の服用、休職してみることなどを勧めた。しかし、百合子さんは、もう少し様子をみると言って、精神科の受診や病気休暇などの手続きはとらなかった。

✺百合子さんが送ったメールから見えるもの

九月に入ると、百合子さんは親しい友人に自分の悩みや思いをメールで送っている。そのメールには彼女が学校のことで悩んだことがよくわかるメールがある。九月二六日付で――
《「〇〇〇〇さんへ／仕事を辞めようかと考えている。でも誰に何を相談したらいいのかよくわからない。と、そんな思いです。》
《〇〇〇〇さんへ／いろいろあった。クラスにADHDであろう子がいて、他の子を叩いたり蹴ったり噛んだり突き飛ばしたり。大怪我にはなっていないけど、いくつも怪我が起こっている。同じ学年の先生方は〝いい人〟だけど、基本的に助けてくれない。その子の前担任は、私に「おまえが悪い。おまえの授業が下手だからAが爆発する」とか、「給料もらってるんだろ、アルバイトじゃないんだぞ、しっかり働け」と言う。私は最善を尽くしている。》
《〇〇〇〇さんへ／養護教諭は理解してくれていて、相談にのってくれてアドバイスもしてくれる。夏休みに、教職員の無料カウンセリングにも行ってきた。ずっとAの記録をとってきて、親と懇談して、親が病院に行ってくれることになった。子どものことは大変だし苦労するけど、悩みじゃない。一部の先生の言葉や態度に傷つく。苦しめられる。天国のような職場ではないが、地獄のような職場でもない。相談できる先生も少しはいる。が、希望や夢を抱けない。それでも何とかやってきたけど、トラブルが起こったときなど、私を支えてほしいのに、教頭にも責められる（注）。むなしい。つらい。》
この三日後、百合子さんは自殺した。

〔注〕Ａくんと他の生徒のトラブルで怪我が発生した時、教頭は百合子さんがＡくんの指導に行き詰まっていることを十分わかっていながら、「同じ教室にいて、何で止められないんだ。お前は問題ばかり起こしやがって」ときびしく百合子さんを叱責した。のちに教頭は、そういうことは言わなかったと、自分の発言をひっくり返した。

✳クリスチャンとしての百合子さん

クリスチャンは基本的に自分で自分の命を絶つことはしない。百合子さんは両親がクリスチャンということもあり、子どものときから教会に通い、洗礼も受けた敬虔なクリスチャンだ。百合子さんと長年付き合い、百合子さんが精神的に最も信頼していた教会の蓮井牧師は語る。

「私から見て百合子さんはしっかりした人だった。子どものために一生懸命で、教師になっても必死に働いていた。こんな結果になるとは夢にも思っていなかった。クリスチャンの自殺は、追いつめられて、追いつめられて、精神的に正常ではなくなるような、よほどのことがないかぎりあり得ない。だから、学校でよほどのことがあったのだと思う」

蓮井牧師と百合子さんは八年間のつながりがあり、公私にわたって百合子さんの相談にのっていた。その蓮井牧師は、百合子さんの死への学校の対応に怒りを隠さない。

「学校の管理職は故人に対して哀悼の意が全くといっていいほどない。教育長は葬儀の途中で帰ってしまった。自分の部下が亡くなったのにこんな行動は信じられない。百合子さんという一人の女性が希望を持って教師になり、様々な課題を持ってはいたが、それを乗り越え頑張ろうとした時にバッシングをされる。何でそんなことをするのか。助けるべきところを厳しい叱責だけする。これではたまらない。家族の質問にも誠意を持って答えているとは思えない」

✺裁判の現在・百合子さんの死は「個人的な問題」なのか！

以上、百合子さんの記録や両親の話、牧師の話から百合子さんの自殺に至る経過を見てきた。ここには学校側や教育委員会側の証言がないので、かなり偏った見方だと言えるかもしれない。しかし、百合子さんの両親や牧師から話を聞き、残された記録を読む限り、その言葉は重く、耳を傾けなければならない真実があるのだと、私は思っている。

もし、百合子さんが他のクラスを担任していたら……、もし百合子さんに対して指導する教師や同僚が違った関わりをしていたら、彼女は自殺しなかったのではないだろうか。少なくとも、学校や教育委員会が言うように「学校には、自殺の要因はあったが原因はない」と言い切ることはできないのではないか。

今、教員の精神疾患が増えている。文部科学省の二〇〇七年度の統計でもうつ病など精神疾患によって休職する教員は年間で四九九五名にものぼり、一五年連続で過去最多を更新した。さらに、今、全国で七〇名から一〇〇名の教員の自殺者が続いているという。「心を病んで」休職中、または加療しつつ勤務している教員はあなたのそばにも少なくないはずだ。これは木村百合子さん一人の問題ではないはずだ。

百合子さんの両親は二〇〇四年一二月二二日、所属長に対し、公務災害認定請求を申し出た。これは両親の、百合子さんの死の真相を究明したい、そして、百合子さんの死を無駄にすることなく、教育現場に生かしてほしいという強い思いから起こした行動だ。

しかし、地方公務員災害補償基金は二〇〇六年八月二一日、公務外との認定処分を行い、両親の訴えを退けた。両親はその処分を不服とし、地方公務員災害補償基金静岡県支部審査会に対し再審請求したところ、審査会も二〇〇七年一月二〇日付で請求を棄却した。

そこで両親は二〇〇八年七月四日、地方公務員災害基金を相手取って公務外災害認定処分取り消しを求める訴訟を静岡地裁に起こした。第一回口頭弁論は二〇〇八年九月二五日に開かれ、被告の基金側は「公務は過重な状態ではなかった」、百合子さんの自殺は「公務によるものではなく、個人的な問題だ」と主張し、全面的に争う姿勢を示した。

この裁判は二〇〇九年末現在、七回の口頭弁論を数えている。この訴訟の中で、百合子さんが信頼していた蓮井牧師が代表となり「故木村百合子さんの公務災害認定を求める裁判を支援する会」も結成され、二〇〇名を超える幅広い市民の方が会員として裁判を支援している。闘いはまさにこれからが正念場だ。

（『現代と教育』第71号所収の「新規採用教員は、なぜ死んだのか」を加筆修正しました。）

【故木村百合子さんの公務災害認定を求める裁判を支援する会】

代表　蓮井康人
〒四三八―〇〇七八　静岡県磐田市中泉二九七九―三
電話・ＦＡＸ／〇五三八―三二―八〇六三

Ⅱ

〔手記〕新任教師・試練の日々からの出発

》手記①《

若い先生、ゆっくり成長しましょう

◉公立小学校教諭　平井　優子

はじめに

採用三年目の今も、忙しさと疲労は留まることを知らず、やっぱりその日一日を精いっぱい過ごして、週末までの日数を指折り数えて一週間を乗り切る日々です。ただ、新採だった頃のように「すぐにでもやめたい」という気持ちは少しおさまり、「この学校にいる三年間はがんばろう」という小さなめあてを胸に抱いて仕事をしています。

そんな私に、周りの先生から「よくがんばっているね」「いきいきと仕事しているね」というようなお言葉をいただくことがあります。うれしい反面、内心では「採用一年目も、自分ではすごくがんばっていたんだけど……空回りしていただけです」と、少し複雑な心境になってしまいます。

採用一年目の自分を振り返ると、毎日教室を飛び出す子どもの後を追い、頻発するトラブルの対処で夜に何時間も家庭訪問をして、疲れてぼろぼろの身体を引きずって、帰宅してからも山積みの仕事に追われていました。ストレスからか、常に口内炎ができていて、ビタミン剤を常用する日々でした。円形脱毛症になるのではないかと不安になるほど髪の毛が抜けた五月、とうとう一〇月には学校に行けなくなり、病院でうつ状態と診断されました。

大学の講義で習った「バーンアウト症候群」が頭をよぎりました。「まさか自分が……」という思いもありましたが、「明日から無理をして学校に行かなくてもいいんだ」という安心感のほうが勝っていました。ストレスと過労でこうも自分を見失うものかと痛感しました。何しろ、あんなにかわいいと思っていたクラスの子どもたちのことをかわいいと感じるより、一緒にいるのがしんどい、辛いという状態になってしまったのです。

教職一年生が一年生の担任に

大学を卒業してすぐの私が受け持ったのは、一年生の担任でした。低学年を持ちたかったので、最初は「一年生の担任ができてうれしい」と思っていました。しかし、その思いも束の間で、クラスにいる課題のある二人の子どもが次々と引き起こすトラブルに翻弄される日々が始まりました。

少し目を離すと友達を叩く、順番が守れない、暴言が出る、友達のものを壊す、教室を飛び出す、そこかしこに落書きをする。そして、一人は毎日のようにお漏らしをしていました。多い日には三回着替えに付き添っていました。着替えに行った保健室でも遊び出してなかなか着替えないこともありました。当然授業はストップし、教室がざわつく。こんなことが繰り返される毎日でした。

幸いにも、私のクラスには「子ども支援」という枠で非常勤講師の先生が配置されていました。何か起きたときはとりあえず自分が走るか、講師の先生に走ってもらうかというようにしていました。

しかし、一人に対応してもらっている間に、またもう一人が動き出す。子どもの調子が悪い日には、授業中に板書している黒板の字を全部消しに来たり、黒板に落書きをしに来たりすることもありました。飾っていた子どもの図工の作品を突如ぐちゃぐちゃに壊したこともありました。

授業中の教室を這いずり回って友達にちょっかいを出すことが毎日ありました。制止しようとすると、「あほ、死ね、ぼけ、包丁で刺すぞ」という暴言が出る。講師の先生が男性だったこともあり、講師の先生には叩いたり蹴ったりすることも多くありました。

体育の時間は学年二クラスでしていましたが、二人は集団に入れず、学年主任の先生の呼びかけにも応えず、好きに遊んでいました。春の運動会の日は、リレーをしているところに逆走して乱入しようとする子どもを制止し、午後の競技は一人の手を引き、もう一人をおぶって入場しました。

一年生は、初めての学校生活に不適応を起こして不安定になる子どもが多いです。母子分離が出来ず、学校に来て泣き出す、腹痛を訴える、やたらと保健室に行きたがる、初めてすることに自信がなくて泣き出す、緊張してトイレが近くなるなど、個々に配慮の必要な子どもが多く、本当に息つく暇もなく走り回っていました。

採用二年目は、三四人の三年生を一人で担任していましたが、二人で一年生二三人を見ていた採用一年目の方がよっぽど辛く、苦しい日々でした。

支援を求めるとさらに苦しく

九月、私のクラスの課題のある子どものことを他機関へ相談するように管理職に言われました。養護学校の支援センターの窓口に相談に行ったのは夏休み明けでした。

その頃は、ちょうどほかの子どもも含めてクラスが大荒れの時期でした。ランドセルをしょって大泣きで「帰りたい」とぐずる子どもや、やたらと保健室に行きたがる女の子、授業中のルールが守れず言動が粗暴になる男の子たち。養護学校の支援センターの先生に、課題のある児童について話しているうちに、ぼろぼろと涙がこぼれて止まりませんでした。そのとき言われたのは、「その子どもは担任の先生との関わりを求めている。先生がもっとその子どもに関わる時間をつくってください」という言葉でした。

課題のある児童に手がとられ、クラス全体に力が注ぎきれず、ほかの子どもが不調や荒れという形でサインを出してきている時に、さらにその子に力を注ぐということは私にとって難しいことでした。さらに、今までの自分の対応に「×」をつけられているような気分で、自信を失いました。

また、その子にその日のがんばりを振り返る「ふり返りカード」を作ることをすすめられたので、早速「にこにこノート」を作りました。講師の先生の手も借りて、その前から一定の様式で二人分つけていた記録に加え、新たな取り組みとして始めました。その「にこにこノート」は、最終的には児童に自信を与えるものになりました。しかし、毎日点検して書いて返すという作業は少し負担に感じることもありました。

そうこうしているうちに、私の授業に参観者が訪れる機会が増えました。教育委員会の主事が訪問した時、私は授業に力を注げる状態ではありませんでした。私は、課題を抱える子どもの実態を見に来てくれるものと信じていました。しかし、終わった後、主事に言われたことは、「はっきり言って先生の授業はおもしろくない。おもしろくないから子どもがのってこないのだ」「その子だって私（主事）が目でサインを送ると応えていたんだから、きちんとやればできる子だ」という内容でした。

子どもは訪問者があると、普段と違う動きをします。大抵の場合、管理職や主事の前ではいつもよりかしこく振る舞っていたので、普段の荒れた状況をわかってもらえない歯がゆさもありました。「やっぱり自分の力がないから、クラスが荒れるんだ……」。授業もクラスの状態も最悪だと痛いほど感じていましたが、ますますどうしていいかわからなくなってしまいました。

その日、主事が去ってから管理職に、「授業案を毎日作っているか」と尋ねられ、「作っていません」と答えると、「今日から授業案を毎日作るように」と言われました。毎日の仕事に追われ余裕などあるはずもなく、どうしようもない状態だった私は、またしばらく涙が止まりませんでした。耐え切れずに更衣室などで隠れて涙を流すことはあっても、職場の人の前で涙を流すなんて、恥ずかしくて考えられないことでした。

その後、以前相談に行った養護学校の支援センターの先生も何度か訪問されるようになりました。個別の実態表を書くだけでなく、前回のように授業についてお叱りを受けないために授業の準備にも時間をとられるようになりました。日常の子どもの様子ではなく、担任の改善点を見られるため、終わった後は、「授業にメリハリがない」「もっと具体的な言葉がけが必要だ」といった話が出ました。支援を要する子どもに関わるアドバイスというよりは、新規採用者の未熟さを責められているような気分でした。

私は、純粋に子どもの難しさに寄り添い、「助けてほしかった」のですが、救いの手ではなく、担任としての自己責任をさらに問われているにすぎなかったように感じます。

つるし上げの学級懇談会とうつ状態

一〇月、特に男子の中でトラブルが頻発しました。クラスに七人しかいない男子は、変な形で自分の存在を何とかアピールしていたのです。授業中に「〜しましょう」と言うと、「嫌!」「だって〇〇くんもしてないもん」という態度をとることも多々ありました。

一番困ったのは、休み時間に遊びのルールが守れず、自分の思い通りいかないと友達を叩く、蹴るなど、乱暴な姿が目立ったことです。学級でも何度も話し合いをしたり、個別に話をしたりしましたが、なかなか改善しませんでした。

そんなある日、中間休みにある男の子が違う男の子にすごい勢いで殴りかかっていました。咄嗟に止めに行き、事情を聞いて手を出した男の子はその場で反省して謝りました。相手の男の子もよくない言葉を発したようですが、手を出すのはよくないということを言って聞かせました。それから一週間後、保護者からそのけんかのことで訴えがありました。「お風呂で見ると、殴られたところがあざになっていて家で泣いていた」という訴えでした。時差があったので、手を出した子どもの保護者もなかなか納得できないようでしたが、電話して謝ってもらうことになりました。

一〇月には学級懇談会がありました。けんかのことで訴えがあった保護者からは、「うちの子はぼこぼこにされて泣いて帰ってきた。先生のあの時の対応には納得ができないし、残念だ」という言葉が投げかけられ、他の保護者からも、「他のクラスに比べて落ち着きがないのではないのか」「もっと細かく連絡がほしい」「落ち着きのない子どもがいて、けがをしないか安全面で不安がある」という声が出ました。何とかその場をおさめて、教室でそのまま何時間も泣いていました。「もう次の日から学校に行くのはやめよう」。この時ようやく決心がつきました。

その日の帰り道、欠席した子どもの家に家庭訪問に行く途中、混乱のせいか道がわからなくなりました。結局その子の家にはたどり着けず、また自宅に帰って何時間も泣き続けました。母親に、「もう学校に行かない。就職先は探すから、今の仕事はやめたい」と言ったことを今でも覚えています。「もう我慢しなくていいのか」「もう学校に行かなくていいのか」と思うと、それだけで心が落ち着きました。

その頃、ずっと発熱が続いていて、身体も限界に近かったように思います。私は福祉系の学科を卒業していることもあり、精神疾患が増える現状についても理解があったので、自分はきっと「うつ状態」なんだろうと確信していました。あまり抵抗もなく、すぐに精神科で診察を受けました。案の定「うつ状態」と診断され、薬も処方され「三カ月間の自宅療養を要す」という診断書が出されました。

「自分が弱くてダメな人間だからではなく、病気でしんどくて辛かったのだ」。診断書をもらって病気が認められると、なぜかホッとしました。

病院から帰って、その日の夕方、ようやく私は自分のクラスの子どもの顔が浮かびました。突如「やはり一年間担任を持ちきりたい」という考えが湧いてきて、「とりあえず薬を飲みながらでもいいし、三月末で仕事をやめてもいいから、今のクラスの担任をやり遂げよう」という気持ちになりました。

私は二日間休んで、その後、職場に復帰しました。もちろん、その後もトラブルは頻発し、三月の修了式の前日まで夜遅くの家庭訪問は続いていました。毎日朝は起きづらく、自転車をこぐペダルの重さに嫌気がさし、一カ月に一度は通院して薬を服用する日々でした。振り返ると、二度と経験したくない地獄のような一年でした。

Ⅱ　〔手記〕新任教師・試練の日々からの出発

若い先生の悩み・不安を少しでも軽く

私は、「若い先生に自分のように苦しい思いをしてほしくない」と思っています。子どもを育む輝かしい場所で健康を害したり、精神を病んで教職を去る先生がたくさんいたりすることは憂うべき現状です。若い先生や新規採用の先生が退職されたり、病休をとられていたりという話はよく耳にしますが、その度に辛い気持ちになります。

採用二年目も、私は世間で言われる「モンスターペアレント」のような保護者に悩みました。「先生は、昨年度の学級経営で失敗している」「担任を降りてほしい」と言われた日には、また仕事をやめたくなり、涙が止まらなくなりました。けれど、その保護者もまた、辛い現状を抱えておられ、子育てや将来に対する不安をぶつける場所が無かったのだと、今振り返ると客観的に捉えることができます。

保護者の生き辛さや課題のある子どもの生き辛さに寄り添うということを教えられたのは、教職員組合に入ってからです。「子どものトラブルへの対処」「不安を抱える保護者とどう向き合うか」等は、学級経営において非常に重要な事柄ですが、経験の乏しい若い教師にとって、どうしていいものか判断に迷うことが多く、一人で抱えるストレスは耐えがたいものです。

さらに、新規採用者は一年間の仕事の流れがわかっておらず、毎日新しいことに向き合わねばならないしんどさがあります。仕事の要領が掴めず、手探りでこなしていくため、時間もかかるし、仕事がなかなか終わりません。新規採用者の研修も忙しく、周囲には「教材研究に力を入れなさい」と言われますが、ゆっくり教材研究をする時間なんて与えられていないのです。

私は、採用一年目の五月に教職員組合に加入し、学習会にもたまに参加していました。組合に加入したのは、自主的な学習や仲間作りの機会を求めていたのと、単純に身の危険を感じていたからかもしれません。

採用二年目の四月に、支部で行われた組合の会議に出席しました。そこで、ベテランの先生から、私ともう一人の若い先生に、「若い先生を集める企画」を運営してほしいという依頼があり、「どういう企画にしたいか」意見を求められました。

私は、自分の経験から、何よりも「日頃の実践の悩みやしんどさに共感してもらえる場がいい」という意見を出しました。若い先生が集まり、普段の仕事から少し離れて、堅い雰囲気ではなく、趣味の話なども交えてゆったりとした雰囲気で交流できるようにしたいということも伝えました。無理はせず、月に一回のペースでサークルのように、カフェのように集まるスタイルを取ることに決まりました。この企画に、私の趣味に「カフェめぐり」があったこともあり、ベテランの先生が「エデュカフェ（education cafe）」と名づけてくださいました。

動き出した「エデュカフェ」

「エデュカフェ」は、組合の事務所ですることになりました。組合の事務所はまるで「会議室」だったので、私は、「ここでは長居したいと思いません。ケーキを食べてお茶を飲んで、くつろげるカフェのような雰囲気がいいです」という要望を出しました。結果的に、テーブルクロスを敷き、絵画を飾り、観葉植物を置き、カフェカーテンまでつけてもらいました。中身については、「気軽に愚痴をこぼせて、趣味の話もできて、今学びたいと感じていることを教えてもらえる場にしたい」というコンセプトで始めました。

スタッフは、当初は私と同じ支部の若い先生の二人でしたが、始まってまもなく「一緒にエデュカフェをやっていきたい」という先生が加わり、途中から三人になりました。現在も若い先生のスタッフを中心に、ベテランの先生の手助けをいただいて、エデュカフェを運営しています。

若い教師にとって、終わりのない激務に加え、扱いづらい保護者、子どもの荒れに対処していくことは本当に困難を極めます。それでも、休みの日も気がついたら、クラスの子どものことを考えているのが教師です。できていないことや失敗を指摘されるより、「一生懸命がんばっているね」「先生のがんばりが子どもに伝わっているよ」「それはしんどいね」という言葉のほうが数倍うれしくて、やる気が出てくるものです。この企画を、教師としてつながり、共感しあえる場にしたいと思いました。

もちろん未熟なので、経験豊かな先生方から教えていただくことは貴重です。「今知りたい」と思っていることをベテランの先生に教えてもらう機会も作ろうと提案しました。しかし、教えてもらうばかりではなく、自分自身の問題意識や課題に応じて、今の自分たちにできることを少しずつ獲得していきたいという思いがありました。若い先生の実践を基に交流する機会も入れていくことになりました。

二〇〇八年五月、初回のエデュカフェには、私の知り合いの先生と、もう一人のスタッフの職場の先生を呼びました。ケーキと紅茶やコーヒーを用意しました。集まった若い先生は九人、みんな自己紹介と共に自分の学級の悩みや実践について自由に話しました。日頃出会うことのない先生と交流し、初めは緊張もしていましたが、同じ悩みを抱える仲間と出会えたことに喜びを感じました。

回数を重ねるごとにつながりがつながりを呼ぶもので、徐々にメンバーが増えました。若い先生の「学びたい、つながりたい」という気持ちは強く、これまでにも飲み会を企画したり、ソフトバレーボール大会に参加したり、講師の先生向けに教員採用試験の対策講座を企画したりもしました。

エデュカフェに毎回参加してくださる先生から、「毎回テーマを設定してはどうか」という提案をいただき、学級通信を持ち寄る日や、学級の気になる子について話を出し合う日もありました。気になる子どもについてフリートークをしたり、学級地図の作り方や体育のマット運動の実践を若い先生に発表してもらったこともあります。若い先生の実践を交流する中で、「私もやってみたよ」という声や「自分もがんばろうという気持ちになる」「勉強になるし、楽しみにしている」という前向きな声が聞こえてきます。

ベテランの先生を講師に、子どもが喜ぶはんこ作りを教えてもらったり、図工の絵の具の使い方や工作について教えてもらった回もあります。二〇〇九年二月には、いつもより枠を広げ、大きい会場に二〇名以上集めて、発達の専門家を呼んで「エデュカフェスペシャル版」を企画しました。二〇〇九年八月の「エデュカフェスペシャル版②」では、音楽の得意な先生を呼び、歌やリコーダーの楽しい実践報告に、三六名もの先生が集まりました。

「エデュカフェ」は教師がゆっくり成長できる放課後の教室

採用一年目、「教師なんて辛い仕事、どうして他の先生はやっていられるのか」と何度思ったか知れません。しかし、採用二年目になって、私は子どもたちに「教師は未来を担う子どもの成長に立ち会える、なんて素晴らしい仕事なんだろう」ということを教えられました。どんな子どもも「勉強していろんなことを知りたい」「昨日よりいい自分になりたい」「友達となかよくしたい」という共通した願いを持っています。それにじっくりと寄り添い、心をつないだ瞬間の温かさや喜びはかけがえのないものです。

今の教育現場では、即戦力を求められるばかりで、何かあるとすぐに教師としての力量を問われ、息苦しく感じます。若い先生も、子どもと一緒で、少しずつゆっくり成長していけるように見守る体制が欠けているように思います。「失敗したっていいんだよ」、子どもにそう言ってやれる余裕は、職員室の中にもあるでしょうか。その思いが「エデュカフェ」の実現につながりました。

エデュカフェでは、「子どもと心をつなぐ」ヒントがたくさん見つけられます。やはり、エデュカフェの一番の魅力は「この仕事をやっていてよかった」ということに気付くゆとりがあることではないでしょうか。デュカフェは、若い先生が「本音で語り合い、学び合える、そしてゆっくり教師として成長できる放課後の教室」のような空間。今日もエデュカフェのメール配信後、私の携帯電話は踊るように振動しています。

(『教育』二〇〇九年一月号所収の原稿に加筆修正しました。)

》手記②《

「困難・苦悩」の中に「希望と勇気」を見つけて

◉公立小学校教諭　石垣　雅也

「走っている」のではなく「走らされている」感じ

《高速道路を時速一〇〇㎞で走行中に、その五〇㎝後ろを同じ速さでピタッとついてこられるようなしんどさで、毎日のように「こんな仕事もう続けられない」と思っていました。》

一カ月の超勤が一〇〇時間をかるく超えて、日付が変わっても学校にいた一年目の六月、僕のメモには前記のようなことが書かれていました。

▨それでも「できていない」と感じ（させられ）る僕（たち）

「何もできていない、何もできない」は僕たちの合い言葉でした。初任研で同期の若い先生たちが前向きにいろんなことに取り組んでいる話を聞けば聞くほど、この「できていない感じ」はますます募りました。

▨休んだ方がしんどいんです

次から次へと追いかけてくる仕事。「土・日くらいは仕事のこと忘れてゆっくりしなあかんよ」と言われても、仕事のことを忘れたら、そのツケは次の週に回ってきます。それでしんどい思いをするくらいなら、土・日を仕事に捧げる方がまだまし……気分転換をするにも「覚悟」がいります。

▨そんな毎日を続けていたら……

半年経ったある日の日記。

《最近どうも頑張れない……。いや、頑張ってるけど、あと、ひと踏ん張りが効かない。朝三〇分の早起き……夜のあと一仕事……それでも四〇分前に出勤して、毎日三、四時間は確実に残業して、土・日も職場に行ってるけど……。はぁ……頑張れないよ……》

少しずつ頑張りが効かなくなって、そして一年が終わろうとしたある日、起きたら顔の左半分が動かなくなっていました。顔面神経麻痺です。医者に行ったら、「ストレスと過労は厳禁ですよ」って、それ抜きのこの仕事って成立するの？

新任教師・わたしの「困難・苦悩」

①わからないことをうまく聞けない

「困難・苦悩」という言葉から、一年目を振り返ってみると、「困難・苦悩」の連続というより、新任の教師生活そのものが「困難・苦悩」でした。二年目を迎えて、その「困難・苦悩」の中身を少し整理してみると、二種類の困難・苦悩が入り混じって、実態のない「困難・苦悩」となっていたことがわかります。

一つ目の困難・苦悩は、経験不足や仕事をわかっていないことからくる「困難・苦悩」です。学年で揃って何かをすると、うちのクラスだけ遅かったり、二列にならぶところが三列になってしまい、隣のクラスがならべなくて……というように、指示や指導が適切でなく、子どもがどうすればいいのか分からなくて困っている状況は毎度のことです。予定を書いてから渡すはずの家庭訪問の連絡プリントを配ってしまい、クラス三一人の家に一軒いっけん電話をしたり……あげればきりがないくらい出てきます。

「わからんことがあったら聞いてね」ってみんな言ってくれるけれど、わからないことを聞きだしたら一時間の仕事の説明を一時間くらい聞かないとダメになりそうで聞けない。そもそもすべてがわからないので、聞くとなったら全部聞くしかないので、結局何も聞けなくなってしまう。でもどんどんまわりはすすんでいくので、結局聞けないままに適当に済んでいってしまうのだが、「あれでよかったのだろうか」ってあとで不安になってくる、そんなことがすべての作業についてまわる。

事務仕事でわからないことから、子どもへの指導でわからないこと、さらに子どもへの指導でも、全体指導に関わってわからないことから、普段の授業場面での指導でわからないことまで、おなじ「わからない」でも違う種類の「わからないこと」が混在していました。今なら事務仕事のことなら、朝の打ち合わせの後や、放課後のちょっとした隙をねらって、「先生、あの提出の書類って○○を××でしたっけ?」と聞けるのですが、初任の時は、いつ、どのタイミングで何を聞いていいかもわからなくて、そのことが次の失敗へとつながっていきます。

「聞いてね」と言われて聞いて、その時は何となくわかったつもりになるけれど、やってみると全然思ったとおりにいかないんです。もっと丁寧に聞こうと思っても、それ以上何をどう聞いていいかわからないから、そこで終わってしまいます。「最近の若い先生はプライドが高いから、わからないことを素直に聞けない」なんて言われることもありますが、そういう問題じゃなくって、わからないことをじっくり聞いて、それにつきあってもらえるという雰囲気がないから、「安心して」聞けないんです。

結局、よくわかってなくても、まわりはどんどん進めていくから、自分も進めていかなければならない気がして進めていくと、結果として失敗してしまう。そんなことの繰り返しでした。

そういう個別の失敗は、経験とともに少しずつ解消していくのですが、どうにもならないことがでてきます。それが二つ目の関係性における「困難・苦悩」です。それは子どもとの関係におけるものであったり、保護者との関係におけるものであったり、職場での人間関係であったりします。子どもとの関係では、武司とのことが一番大きな困難であり、苦悩の原因でした。

②荒れる武司のいるクラス

初任者研修の出張の日に、武司が学校を抜け出すということがありました。その日から武司との格闘の日々が続きました。武司は、僕を小バカにしたように「むっりー　きょっひー」「あっそ、よかったね」「かっこつけ」。イライラした怒りをぶつけながら「こっちみんといて」「こっちばかりこんといて」「くさいねん」、興奮して叫びながら「なんで先生がきめんねん!!」「こんな学校やめたるからな」「こんな先生いやや!」「死ね!」と憎々しいまでの表情でありとあらゆる暴言を投げつけてきます。

長休み時間が終わったあと、授業をはじめようとすると、クラスの子が、「先生、武司くん、運動場にいてはるで！」。追いかけて行くと、フェンスを乗り越えて外へ出て行く。「武司くんにけられた」「押された」「たたかれた」「死ねって言われた」……そんなことがいっぱい出てきました。そして、それはうちのクラスの中だけではなくなってきました。隣のクラスに入り込んで机の上に置いてあったノートに落書きをしたり、体操服の袋を窓から下に落としたりと、どんどん広がっていきます。下校時に不審者に連れて行かれそうになったとの虚言まで出てきて、学校の中でも一番課題の大きい児童という位置づけになりました。

正直に言って、武司がいなければどれだけ楽だろうかと思ったし、クラスで風邪が流行った時には、「武司も風邪で……」と一瞬、頭をよぎることもありました。でも、教師なのに、クラスの子どもに対してそんな風に思っている自分が許せない気持ちもあって、だから、僕ではないだれかが武司を出席停止にしてくれたらどんなに楽だろうかと思っていたのです。

そんな武司がいるクラスで、まともに授業も指導もできない新任教員ですから、子どもの不満は目に見えてたまってきます。「クラスの雰囲気作りにはクラス遊びも有効よ」なんて言われて、ドッジボールをしてみると、子どもたちのけんかが始まり、「おもしろくない、みんなで遊ぶのなんかいやや」となります。何をしても悪循環に陥る中で、子どもとの関係における「困難・苦悩」は増幅していきました。

そして子どもの不満は保護者に伝わり、保護者の不満へと変わります。幸い、思ってはいても攻撃的に口に出してくる保護者がほとんどいなかったことが救いでした。

保護者対応で苦労したことといえば、武司くんのお母さんに五月の家庭訪問で「結構です」と言われて、訪問販売員のように追い返されたり、お母さんとおじいさんのけんかに巻き込まれ、「あんたの顔見てたらムカツクから帰って!!」と言われたりしたことくらい（笑）でした。

③「同僚」との関係

最後の「困難・苦悩」は、職場での「同僚」との関係でした。いわゆる「同僚性」という意味での同僚との関係が新任の一年間はほとんど持てなかったことにあります。

「初任研、大変やろ?」と言われることがよくあったのですが、実は「研修としての初任者研修」はそんなに大変だと思ったことはなくて、センター研修の日はイキグルシイ学校から離れられ、ホッとするひとときでした。研修として、学校を離れるといったことがしんどいのではなく、「初任者である」ということが、僕にとって一番しんどいことでした。

「初任者である」ということで、いろいろと指導や助言をしてくれる先生がたくさんいます。うちのクラスが「朝自習の時に騒がしいのは、先生が黒板にすることを書いていないからだ」という理由で、朝、僕が教室に入ると、

「朝自習　読書をしましょう。しずかに読んでいましょう」

とお手本を示すかのように書いてくれていました。「わからないから教えてあげなければならない新任教師」というのは何も間違っていなくて、実際、教えてもらわないとわかりません。でも、「うまくいっていないことすべてを、うまくいくように改善していかなければならないのかという と、決してそうではないだろう」と思っている自分もどこかにいました。そんなに何もかもが、「他の人から見てうまくいっているように見えるようになることはない」だろうし、そういうことを「求められる」ことが、もっとも苦しいことでした。

しんどいけど、そこからしか見えてこない希望——武司とのつながりのなかで

武司とのことは確かに「困難・苦悩」の一つだったけど、それでもなんとかやってこられたのにはもちろん理由がありました。その理由は、武司と二人で過ごした時間にあります。もちろんその時点ではそこまで思っていたわけではありませんが。

武司は阪神タイガースのファンで、金本のTシャツを着ていました。「おっ、金本やん。かっこええよなぁ金本。先生、金本だいすきやわ」と言うと、武司が、「先生も阪神好きなん？」と聞き返してきました。武司は野球が大好きで、武司とつながるにはまず野球だと思っていたのですが、学校の運動場は野球が禁止で、指導教員に相談するとダメだと言われるのは目に見えていたので、

違う学年の前原先生に相談しました。

前原先生はいつもおもしろそうなものを作ったり、持ってきたりしている先生でした。僕が学年の先生や、指導教員の先生以外の先生に相談したのは初めてのことでした。「前原先生、運動場って野球禁止ですよね?」と聞くと、「ああ禁止やで」と言ったあと、前原先生は、「武司のことか?」と聞き返してくれたのです。

僕は武司とつながるには野球が一番で、でも運動場は野球禁止で……というようなことをポツリポツリと話しました。すると、前原先生は、「教材やって考えたらええやん。授業で子どもにわかりやすくするためにいろんなもん持って行くやろ。野球のボールもそう思ってやったらええやん」と言ってくれたのです。

その言葉でパッとイメージが広がりました。そうか、安全のこと考えるんやったら、新聞紙でバットとボール作ったらええんや。これは武司とつながりをつくっていく大きなきっかけになるんじゃないかとワクワクしました。

野球をしているときの武司は、あの挑発的で憎々しいまでの表情が嘘のような、子どもらしい表情でした。ニコッとほほえんで「先生!」と言って、新聞紙ボールを投げ返してきた武司の表情を見たときに、武司もやっぱり子どもなんやとホッとしました。

新聞紙野球を通して武司の笑顔に毎日出会っていくことで、「問題児である武司」だけでなく、

「かわいらしい武司」に出会うことが出来ました。

それは、武司との関係における困難を克服し、苦悩から解放してくれただけでなく、これから先、武司と今までとは違う関係性をつくっていけるかも知れないという前向きな気持ちをもたせてくれた時間で、まさに「希望」と言ってもいいものでした。武司と二人きりで過ごす僅かな時間の中には、そんな希望のかけらのようなものがたくさん埋もれていました。

七月のはじめの暑い日、武司が、「先生、トイレにへんなものがある」と言いました。それは血のついた「うんこ」でした。大きなうんこだったので、お尻が切れたようでした。武司はびっくりして僕に言いに来たのだけど、不安で自分のものだとは言えなかったようです。

武司に、「でっかいうんこやな。給食たくさん食べるからうんこもでかいな」と言うと、武司の表情が緩みました。武司には、「お尻をきれいにふいたら大丈夫だよ」と言いました。その日から、武司がした「うんこ」をトイレの個室にこもって二人でじっくり観察する「毎日」を過ごすことになりました。

武司は僕と一対一の時間を欲していました。地域でのトラブルが原因で、五日間連続で家庭訪問した三日目の夜、僕は疲れ切っているのに、武司はそんなことお構いなしで、うれしそうに、「先生、明日もきてくれるん」と言いました。それは武司に家での楽しみがほとんどないことを表していました。

武司の問題行動の背景には、育ちの中でのしんどさがあることが、パズルのピースがつながってくるように見えてきました。そういうものが見えてくると、それが困難を受けとめるクッションのようになり、武司に対して学校でどんなことができるかということを前向きに考える回路が出来るようになりました。

なかまがいることが勇気になる

①おなじようなしんどさを抱える若い先生の語り

もう一つ「困難・苦悩」が直接的に解決されるわけではないけれど、希望や勇気を与えてもらえるような回路がありました。それは、自分と同じような困難・苦悩を抱えている先生がいるということへの気づきでした。

六月の初任者研修の日の休憩時間、大きな声でしゃべっている初任者の先生がいました。保護者対応でトラブルがあったようで、かなり厳しいことを若いお母さんから言われたようでした。でも、そのお母さんの言い分を理解しようと努め、そのお母さんの生活を知ることで、自分自身の考え方をもう一度とらえなおしていっていたというその先生の話は、「あ、僕だけじゃない。やっ

Kazuko '99

ぱり、その子やその親の生活を知るって大切なことなんやな」と安心させてくれました。しゃべったこともないその先生に、とても勇気づけられたのです。

そして、もう一人同期で、前の職場でも一緒だった先生もクラスに大変な子どもがいて、その子と一対一でじっくりと関係をつくりながら、その子の学習のしんどさにも焦点をあてて、指導をしていっている話を聞かせてもらうことは、自分もがんばろうと思う「勇気」を与えてくれました。

②サークルや研究会で

職場では、そういう出来事のみを取り上げてじっくりと話す時間がありません。他にもしなければならないことがたくさんあって、そんなことにゆっくり時間をとってはいられないという感じで、それはそれ、これはこれで次のことが進んでいきます。そんな中で、滋賀教育科学研究会の例会や、民研、組合の集まりや、学生時代から続けてきたサークルのなかまたちとのつながりは本当に大きなものでした。

それらの場では「レポート」と称して、自分の困難や苦悩を、語るというよりは吐き出していました。そして、その吐き出したことを「ただ聴いてもらう」場があるということや、同じような困難や苦悩を抱えているなかまの語りを聴くということは、それだけで希望であり、勇気づけられることでもありました。僕より若いなかまが、「石垣さんすごいなぁ。たいへんやねんなぁ。がんばってんねんなぁ」と言ってくれることは本当に嬉しいことでした。

この経験をもとに、「(仮)センセの放課後」というサークルを創りました。そこでは何のしがらみもなく、自分の取り組みや悩み、愚痴を語り合い、聴き合うことが続けられています。

教師だって励まされたい

初任の年度末。顔面神経麻痺になって、特休を取り、満足な年度の締めくくりができませんでした。そんなこともあり、なんだかがんばろうと思う気持ちをどこかに忘れてきてしまったような二年目のスタートでしたが、組合のスタート講座前日、講師の岩辺泰吏先生（元小学校教師。著書に『チョークで書く《希望》』／大月書店など多数）を囲んでの飲み会で、元気と勇気をもらい、「今年は〔本・作文・通信〕を自分の実践の柱にしよう」と決めて一学期がスタートしました。

初めての男の担任で緊張している子どもたちに、「絵本、読むからおいで」と言うと、子どもたちの表情がパッと変わり、一斉に前に突進してきました。

次の日も本を読んで、その次の日も本を読んで……その三日目の帰りの会の前、子どもたちが先生の机のまわりで、ぼくが初日に読んだ絵本をみんなで声を出して読んでいるのです。

家庭訪問では、「先生、本たくさん読んでくださっているんですね。今度の先生は本が好きな先生や！って、子どもが喜んでいます」と嬉しい言葉をかけてくださった保護者が何人もいました。「子どもが学校の話をしないので、学級通信でクラスの様子がわかって、とてもうれしいです」そんな言葉をかけてもらいました。その言葉は今までかけてもらったどんな言葉よりも、前向きにやる気を引き出してもらえる言葉でした。

「よし、やっぱり学級通信は子どもの様子が伝わるように書こう」「子どもが喜んでくれるようなことをいろいろやってみよう」、そんな風に考えられるようになりました。

「子どもの生活を励ます」という言葉を最近よく聞きます。子どもだけでなく、保護者や子どもたちの声に、僕自身が励まされ、充実した毎日を送ることが出来た二年目でした。

教師が「生活」を書き綴るということ――記録することの大切さ

怒濤の一年を何とか乗り越えられたのは、いろいろな場でとにかく自分のしんどさを発信し続けることができたことと、そのために書き残していたメモやノートでした。それも忙しさの中でほとんどできなかったのですが、それでも「書き残していた」ことで、自分の状態を少し客観的にみることができたのだと思います。

「メモでも何でもいいので、その時感じたことを残しておく」ことの大切さを懇々と説いて聞かせてくれたのは、大学時代からお世話になっている北海道教育大学教職大学院教授の福井雅英先生でした。「こんな忙しいのに、どこにそんな時間があるねん」と思いながら聞いていましたが、六月の超過勤務が一三〇時間を超えているのに気がついたのは、たまたまノートの端にメモしていた毎日の出勤・退勤時間の記録のおかげでした。

そんなちょっとしたことでも、おかしいことだと思うことができたのでした。それはまさに岩辺泰吏先生が言うように「記録をすることは自分自身のくらしをよくするための闘いだ」（『教育』一九九七年一月号）ということだと思いました。

書いたことや語ったことが受け止めてもらえる

そして、もう一つは必死に綴ったことやドキドキしながら語ったことが、「なかま」に受け入れられたり、「なかま」たちが同じように必死に生きていこうとしている姿に出会ったりした時に、僕（たち）は、とても励まされるということです。

僕の実践レポートを読んでくれた今年の新採の先生が、「けっこうみんな同じようなしんどいことあるんやな」という感想を持ってくれたと聞きました。個別の特殊なケースにおける問題や感情だと思っていたことが、実は普遍性を持つものなのかもしれないと思い、自分が感じていることをこうやって書き綴っていくことは、そのこと自体にも意味があるのかもしれないと感じました。

それは、僕が初任研の会場のロビーで聞いた同期の先生の愚痴や、課題の大きな子への関わりで苦しんでいる先生の苦労に共感したことと同じでした。「みんなしんどいんやな。でも大変って言われる子どもや、大変って言われる親のしんどさをわかろうとすることって、しんどいけど、やっぱり大切なんやな」という気づきになります。そのことが勇気となって元気（希望）が湧いてきます。

そして、そのような語り合いの中にこそ〈困難・苦悩〉を〈勇気・希望〉へと転換する回路があるような気がしてならないのです。それは、教師同士が子どもや保護者のほんとうの願いを感じとろうと努力し、そこから見えてきたことを共有することで生まれるものではないのだろうかと思うのです。

さらに言えば、そのような努力は、今の子どもたちの課題を理解する努力とも共通するものだと思うのです。だとすれば、今、子ども・教師が力をつけていくために必要なことは、決して競争や競争的な評価ではないでしょう。弱さや辛さに耳を傾け、共感し合い、「明日への希望」とまではいかなくても、お互いにしんどいけど「明日もがんばろっか」と言い合えるような、「安心の時間・空間」、そして「なかま」が必要なんだと思います。そんなことを強く感じたこの二年でした。

もちろん、そういうことが不可能にされている現状に対しての怒りや憤りもあります。膨大な仕事に忙殺される毎日の中では、そんなことすらままならない現実もあります。今はまだ、書いたり、学校の外に作ったサークルで吐き出すことで何とか持っているけれど、本当にあと三〇年近い年数を耐えきれるのだろうかという不安もあります。吐き出す時間すらもてないくらい忙しく、いろんなものが管理のシステムに絡め取られるような教員政策が進められる情勢の中では、個人のささやかな抵抗ではどうしようもないと思うこともあります。

しかし、たとえ小さな集まりでも、それらを紡いで対抗軸となりうるようなものを、社会的な視点を含んで打ち立てなければ、教師は疲弊してしまい、思考停止してしまいます。そうならないために、とりあえず今の状況の中で、その時間を生み出すための工夫と、その状況そのものを変えていく努力が必要だと思っています。

――なんて、大きなことを言ってみても、できることはたかがしれているので、まあ焦らずに、弱音と愚痴を吐きながら、「ガンバレ」ではない〝励まし〟をくれる人たちを心の支えにして、また明日も「行きたくないなぁ」と思いながら、ぎりぎりまで布団の中でウダウダして、「あ、もう間に合わん、やばい！」と思って、学校に行こうと思っています。

（『教育』二〇〇八年一月号所収の原稿に若干の加筆修正を加えました。なお、文中の子どもの名前、同僚教師の名前はすべて仮名です。）

【いしがき・まさや】一九七四年生まれ。養護学校非常勤講師・適応指導教室指導員等を経て、二〇〇六年度より滋賀県公立小学校教諭として勤務。滋賀教科研会員。所属サークル「（仮）センセの放課後」

》手記③《

夢を追いつづけて

◉公立小学校教諭　五十嵐　百恵

✺「将来の夢は学校の先生」

「私も川野先生のような、子どもに愛情を注ぐ、心の温かい先生になりたい」

これは、私が小学校三年生の時に心に抱いた将来の夢です。担任の川野先生は、いつも子どもたちを一番に考えてくれました。本の読み聞かせをしてくれた時には、感動して一緒に泣いたり、笑ったりしてくれました。先生からの愛情が常に伝わってきて、学校が大好きになりました。九歳の頃から、ずっと一筋に思い続けてきた憧れの職業、それが「学校の先生」でした。

✺一年目、四〇人の子どもたちとの出会い

理想が現実となった教師一年目。期待に胸をふくらませ、着任式では二年生四〇人の子どもた

ちの前に立ちました。目をキラキラさせて私を見つめる子どもたちが、眩しくてしかたありませんでした。私も、目を逸らしてはいけないと思い、笑顔で子どもたちを見つめていました。

次の日、いよいよ教室での授業が始まりました。早く子どもたちの名前と顔を一致させたいという気持ちもあり、前日に名簿順に名前のシールを机に貼りました。名前を呼んでいくと、名前の順番に「はい！」と元気よく返事をする子どもたち。私も、一人ひとりに「元気よく返事ができましたね」と声をかけながら呼名していました。

すると、一馬くんの順番になったときに、あることに気付いたのです。それは、一馬くんの座席が違うのです。私は、不思議に感じながらも、自分の間違いだろうと思い、何も言わずに四〇人の子どもの名前を呼び終えました。

次に、担任の自己紹介をしました。すると、私が話しているにもかかわらず、次々と好き勝手におしゃべりをし始めたのです。新卒一年目の私は、「話を聞く」ということは当たり前だと思っていました。「自分が子どもの頃は？」「教育実習の時は？」頭の中がグルグルと回りました。「話を聞きましょう」と注意しても、自分のこととは思っていないのか、目を合わせようともしません。

一日目の授業を終えた私は、呆然としました。しかし、「でも、まだ一日目だから」と必死に自分の心に言い聞かせました。そして、一馬くんの机を名簿順に並べ直しました。

次の日、朝教室に行くと、一馬くんの座席がまた昨日と同じ場所に移動していたのです。隣には、仲の良い優斗くんが座っています。私はようやく「自分で机を動かしている」と確信しました。すぐに、一馬くんを呼び出し、話をしました。一馬くんは、机を動かしたことを認めましたが、私と目を合わせようとしません。「これが二年生のすることなのか？　子どもは、私を試しているのか？」とさえ思ってしまいました。

✺次々と出てくる問題行動

何をどうすればいいか分からず、心に余裕のない日々が続くと、次々と問題行動が出てきました。

筆箱、教科書、ノートなどの学習用具を持ってこない、友だちとケンカばかり、注意すると口答えばかりの陸くん。廊下で鬼ごっこ、授業中おしゃべり、自由帳、注意するといじけて反抗する優斗くん。友達とトラブル、授業中に自由帳、母親を困らせてばかりの卓也くん。机の上はグチャグチャ、赤ちゃんのように歩きまわる亮輔くん。「学校も先生も友だちもお母さんも大嫌い！」と泣く一馬くん。集団行動ができず、友だちと話もせず、自分の世界に入り込み、クレヨンや砂を口に入れる、授業中にベランダや教室から飛び出す綾子ちゃん。

綾子ちゃんの母親に電話で事実を伝えると、「一〇歳にも満たない子が席に座れと言ってもできるはずがない。ダメなところばかり言うのではなく、ほめてください」と言われ、切られてしまいました。伝えたいことをうまく伝えられず、悔しい思いを何度もしました。綾子ちゃんを追いかけていくと、クラス全体が落ち着かなくなるのも当然のことでした。

そして、ついに授業参観を見た保護者から、一通の手紙が私のもとに届きました。《……授業中、勝手な行動をとる子どもたちを見て不愉快な思いをしました。身勝手な発言は相手にしない、よいことと悪いことを多少高圧的な態度でも徹底させてください。調子に乗っている子どもたちに振り回されないでください。》

私は、威厳を保とうと、子どもたちを怒鳴りました。それでも、言うことを聞くはずはありませんでした。私は、ついに声までもが出なくなってしまいました。「もうあのクラスに行きたくない」。そんな思いばかりが募っていきました。「でも、あのクラスの担任は私だけだ」。抱いていた憧れの教師像と現実とのギャップに悩む毎日が続いていました。

✺子どもたちの心の声を聴こう

そんなときに出会ったのが、現役で小学校に勤めている山﨑先生でした。山﨑先生は、若い教師たちを集めて「教育実践ゼミ」を行っているというのです。藁にも縋《すが》る思いだった私は、月に一度、二時間かけて、山﨑先生の教室に通いました。

山﨑先生やゼミの仲間から、授業やクラスづくり、子どもとの関わりなど多くのことを学びました。また、自分が話をしたり、仲間から話を聞いたりすることで、教室での自分と子どもたちとのことを振り返ることができました。

私は、子どもの行動を見ては注意や指示ばかりで、自分自身が、子どもとの会話がないことに気付きました。私にできることは、まず私が「子どもの心の声に耳を傾けること」でした。「問題行動というのは、子どもたちからのＳＯＳかもしれない」と思えるようにもなりました。

そして始めたのが、「先生あのねカード」でした。子どもたちが日ごろ感じていることをカードに書き、「あのねポスト」に入れます。翌日、返事と、普段その子に対して感じていることや、励まし、賞賛の言葉を添えました。

また、子どもの驚きや発見に共感することも大切にしました。

ある朝休み、宿題の丸付けをしている私に、「先生!!　来て！　来て！」とベランダから大声で私を呼ぶ雅美ちゃんの声が聞こえました。今までの私なら、忙しさを理由に、「後でね」と言って片づけていたことでしょう。しかし、私はすぐに、ベランダに向かいました。すると、雅美ちゃんは、「先生、インゲン豆の芽が出ているよ！」と目を輝かせて言いました。私もうれしくなって、「昨日まで出ていなかったのに、大切に育てたからだね」と言うと、雅美ちゃんは「うん！」とにっこり満面の笑みを浮かべて答えました。この時私は、こういうことの積み重ねこそが子どもとの信頼関係をつくっていくのだと実感しました。

✷涙の保護者懇談会

子どもたちとの距離も少しずつ縮まり、雰囲気も落ち着いてきた二学期末のことでした。

「こんなに大変な子がいるのだから、先生が疲れてダメになっちゃうよ」

保護者懇談会の始まる前に、ある保護者が私にかけてくれた言葉でした。今まで、少しずつ心に溜めていたストレスや疲れが、涙となって一気に溢れ出てきました。涙を止めることができないまま、保護者懇談会は始まりました。

「初任者だから頼りない」と思われることや、本音で話すことが怖かった私は、今まで一人で必死に何とかしようとしてきました。この時も、「子どもたちは、落ち着いて授業が受けられるようになったので、安心してください」ということを話すつもりでした。しかし、本音で保護者と向き合い、ありのままの子どもの様子を話しました。

すると、返ってきたのは、「先生、一人で悩まないでください」「何でも言ってください。協力します」「気を楽にしてください。子どもたちは、先生のことが大好きですよ。先生と遊ぶことを楽しみにしているのですよ」「一生懸命子どもと向き合ってくれていることがありがたいです」などの、温かい言葉でした。

懇談会が終わった後も、保護者の方からの励ましの手紙が次々と届きました。以前、授業参観の後に手紙をくれた保護者の方からも、「意味のある懇談会になってよかったです。このクラスは悪いクラスでも、特別なクラスでもないと信じていますので、家庭でできることは遠慮なく伝えてください」との手紙をいただきました。「自分一人で背負いこまなくていいんだ。保護者の方は、私を支えてくれる味方なんだ」。私はこの時初めて、保護者の方の本当の気持ちを知りました。

✺もっと甘えていいんだよ

一二月の末、学期末の成績づけで追われている夜七時頃の職員室に、一本の電話が入りました。それは、学校の近くのコンビニの店長さんからの電話でした。

一馬くんが、万引きをしたので、学校で引き取ってほしいというのです。私はすぐに校長に話をし、急いでコンビニに向かいました。そこには、何事もなかったような、いつもと同じ表情をしている一馬くんがいました。この時も、私と目を合わせようとはしませんでした。よく聞いてみると、「仕事から帰ってくるお母さんと駅で七時に待ち合わせをしていたのだけれど、時間が過ぎても来ないから、コンビニに入って五円チョコをとった」というのです。

その後、母親と連絡がつながり、無事に家に送り届けました。

翌日、一馬くんと二人で話をしました。チョコをとってしまった理由を聞くと、「別に。食べたかったから」とぶっきらぼうに答えるだけでした。「先生は、一馬くんがものをとってしまったことは、絶対に許さない。でも、一馬くんがこういうことをしてしまったのは、心につらい気持ちや困ったことがあるからだと思うよ」

すると、黙っていた一馬くんが、目に涙を浮かべながら、「さみしかったんだ。もっとお母さんと一緒に遊びたいよ」とつぶやいたのです。「もっと甘えていいんだよ」。一馬くんを抱きしめると、目から大粒の涙が溢れ、声を出して泣いていました。

✺子どもたちに助けられた三学期

三学期になると、子どもたちにも変化が表れるようになりました。私は、ありのままの子どもたちを知りたい、距離を縮めたいという思いから、休み時間に、子どもたちと鬼ごっこをするようになりました。「ぼくを見て、捕まえて」という気持ちをまっすぐにぶつけてくれる子どもたち。そんな子どもたちを受け止め、私自身もまっすぐにぶつかっていきました。

私の気持ちが伝わったからでしょうか、特に問題行動の多かった子どもたちが、味方になってくれるようになりました。三学期のめあてに、「先生のことを助ける」と書いた優斗くん。一馬くんは、図工の絵に私を描いてくれました。朝の会で、「先生がいなくても始めよう」とみんなに声をかけたのも、一馬くんでした。

Ⅱ 〔手記〕新任教師・試練の日々からの出発

三学期の終業式、最後のお別れ会をしました。教師一年生で初めてのことばかり、何もしてあげられなかった私に、「三年生になっても先生と同じクラスになりたいな」と笑顔で言ってくれた子どもたちの顔が、今でも心に焼き付いています。

✺教師としての私を支えたもの

苦しい中でも自分を支えてくれたもの、それは「仲間」です。

まず、職場の仲間や管理職です。私が職員室で、「もうどうしたらいいのか分からない。担任失格だ」と悩んでいる時に、「頑張っているじゃない。あなたのクラスは大変な子が集まっているから仕方ないわよ。もし何かあったら私が言ってあげるから」と声をかけてくれ、認めてくれる同僚がいました。管理職の校長や教頭もクラスに入ってくれて、「よくやっているね、あのクラスの子どもたちと。私だったら一日ももたないよ。ありがたいよ」という声をかけてくれました。

そしてもう一つは「学びをつくる会」（4頁）や「教育実践ゼミ」（178頁）など、学校外の研修や研究会で知り合った仲間です。同じような若手教師同士でいろいろな悩みを分かち合ったり、経験豊富なベテランの先生に話を聞いてもらいアドバイスをいただいたりする中で、「自分は受けいれられているんだ」と思うことができました。

自分を認めてくれる仲間が、「自分の存在は間違っていない。頑張っている」と思わせてくれたことが、苦しかった一年を乗り越えることのできた大きな要因だったと思います。

✵愛情を伝えること

三年目、一年生を担任した時のことです。週に一度、本の読み聞かせをしていました。子どもたちの好きな絵本に、『ぼくにもそのあいをください』（宮西達也作絵／ポプラ社）があります。本を読み終えた後に、私からも子どもたちに愛情を伝えたいと思い、こんなことを言いました。

「みんなの中にも、お家に弟や妹がいたりして、お家の人に抱っこしてほしい時にしてもらえない子はいないかな。愛が足りないと思った時は、先生のところにおいで」

すると、直人くんが恥ずかしそうに私の目の前に来て言いました。「ぼくね、一つ愛が足りません」。私は、「そうだよね。直人くんには弟がいるものね」と、直人くんの体を持ち上げ、グルグルと回しました。直人くんは、「ワー！」と嬉しそうに声を上げ、「ありがとう」と言って席に戻って行きました。

この日から、「さようなら」の後に、私の前に子どもたちが並ぶようになりました。「先生は、いつでもきみたちの味方だよ」というメッセージを込めて、子どもたちを力強く抱っこします。子どもたちは、私のメッセージに応えるように「さようなら、また明日ね！」と手を振って帰って行きます。
一年生だったこの子どもたちも、もう三年生です。今でも廊下で会うと、ハイタッチをして挨拶をしています。「パチン!」と音がする度に、私の心の中に元気玉が増えていくのを感じています。

✳「仲間」を大切にすること

五年目は、五年生を担任しました。初めての高学年なので、今までのような子どもとの接し方でいいのかどうか分からず、不安でした。しかし、今までの経験を元に、子どもの願いと担任の願いを重ねながら、クラスをつくっていこうと考えました。クラス開きでは、子どもたちにこんな話をしました。

「先生には、たくさんの仲間がいます。楽しい時、うれしい時、一緒に笑ったり、喜んでくれたりしてくれる仲間がいます。そして、つらい時、悲しい時には、一緒に泣いてくれたり、話を聞いてくれたりする仲間がいます。先生は、そんな仲間がいるからこそ、毎日楽しく過ごせています。だから、みんなにもたくさんの仲間をつくってほしいと思っています。居心地の良い、何でも話ができる、聞いてくれる仲間をつくってほしいと思っています。仲間がいれば、クラスが楽しくなります。先生は、このクラスの仲間の輪をつなぐ手助けをしたいと思っています。悲しい思いをしたり、さびしい思いをしたりする子が一人もいないクラスにしていきませんか」困難な日々が続いた教師一年目に、私は「仲間」の存在のありがたさを身にしみて感じました。そして、私が感じたように、きっと子どもたちも感じるのではないかと思ったのです。

✺それでもやっぱり難しい

教師六年目、新しい学校へ移動になりました。今までの五年間の経験を信じて、「新しい学校でもいいクラスをつくっていこう」と意気込んで行きました。二回目の一年生担任ということで、少し安心していたところもありました。

しかし、現実はそう甘くはありません。子どもが変わると、今までやってきたことが通じないということがたくさんありました。授業中の立ち歩きは当たり前、椅子の上に立ち上がり、机の上を這い回る。机の下に学習用具をばらまく。上履きは履かずに教室のあちこちに脱ぎ捨てる。いつのまにかベランダから校庭に出て、砂場で遊んでいる。一人が始めると、二人三人、しまいには五、六人の子どもたちが連鎖反応……。どこから手をつけたらいいのか分からない状態です。

もちろん、注意しても毎日同じことの繰り返し。「今までの私のやり方はなんだったのだろう。自惚れていたのでは」と自分自身に失望する日々が続きました。

しかし、新しい職場でも支えてくれる仲間がいました。同僚や管理職は、私の子どもたちや保護者との接し方を認めてくれ、「頑張っている」と声をかけてくれました。

また、「生活指導サークル」との新たな出会いがありました。そこでの仲間と交流する中で、自分自身を見つめ直すことができました。今までは、よくないことだと分かっていながらも余裕が無く、子どもたちの悪いところが目についてしまい、注意ばかりしていることに気付きました。

しかし、視点を変え、いい行動をしている子どもたちを褒めるようにしました。そして、リーダーを育てるために、グループ活動を増やし、グループごとに褒めていきました。すると、グループの中で正しい行動を考え、子どもたち同士で声を掛け合って行動することができるようになったのです。正しい行動が、グループごとに連鎖反応していき、最後にはクラス全体が一つにまとまっていきました。子どもたちに対する自分の視点を少し変えるだけで、「子どもが変わる」ということも再確認できました。

✷心の温かい先生になりたい

一年目は、正直つらい思いもしました。泣いたこともありました。でも、振り返ってみると、無駄だと思えることは一つもありませんでした。あの子どもたちや支えてくれた仲間と出会えたからこそ、あの一年を乗り越えることができ、今も教師として、子どもたちを愛おしく思えるのだと思います。

これからも、私の目の前に、乗り越えることが困難な壁が立ちはだかると思います。そんな時は一人で悩むのではなく、職場の同僚や管理職に相談したり、学校外での研究会などに積極的に参加し、新しい学びを取り入れたりしていくことで、新しい道が切り開けていくのではないかと思います。

「心の温かい先生になりたい」

子どもの頃からの憧れの職業「学校の先生」という夢が叶った今でも、この夢を追い続けていきたいと思います。

（『教育』二〇〇九年四月号所収の原稿に加筆修正しました。なお登場する子どもたちは全て仮名です。）

【いがらし・ももえ】一九八〇年生まれ。二〇〇三年より神奈川県公立小学校勤務。

》解説《

若い教師たちの挫折と再生をめぐって

——新任教師三人の手記を読んで

佐藤　博

✺「車輪の下」の教師たち

報告されている三人の若い教師たちの記録を読みすすめながら、その痛ましいまでの多忙と過労、傷つき奪われていく誇りに胸が苦しくなった。

ここで報告されている事例は、現代日本の学校を覆うように広がりつつある。それは自死された静岡と東京の新採間もない女性教師たちが置かれていた状況や苦悩とも重なる。どれだけ多くの若い教師たちが、こうした軋轢《あつれき》の下で苦しんでいることだろう。

いつの時代でも、どんな職業に就いても、若い日々を傷つくことなくまっすぐに伸び続けることなどないにちがいない。揺れ、悩み、失敗や挫折の体験は、青年期にかけがえのないものだとさえ思う。だが、若さに羽ばたく自由を与えず、絶望に至るほど責め立てる今日の学校現場は、すでに許されない局面にまで水位を上げている。

私たちがいま、ともに模索しなければならないのは、学校に起きている事態と教師たちの苦しみがどこから来ているのか、どのような質の困難として存在しているのかという分析と、「挫折の越え方」の研究にあることだろう。

✴荒れる教室と子どもの「異変」

いま、多くの若い教師たちを深く追いつめているものは何だろうか。

そこには、まず、かつてない「教室の困難」がある。それは、今日の子どもたちの「発達異変」とも呼べる様相である。

報告にある「あほ、死ね、ぼけ、包丁で刺すぞ」という暴言を吐く子や、運動会のリレーで逆走して乱入する子、一日に三回もお漏らしする子、机の上を這い回ったり、授業中にベランダから校庭に出て行く子などは、私の世代が若い頃には出会ったことがない子どもたちであろう。

学校に入学しても、教室での秩序が理解できず、遊びのルールさえ守れずにすぐに暴力をふるう子など、限度を超えた我が儘な子もかつてなく激増している。

そこには、現代日本の子どもが育つ条件の底深い危機が横たわっている。家庭や地域の変貌と

「現代の貧困」のなかで幼少期に必要な愛情を得られず、年齢相応の成長発達が保障されていない不幸は子どもの罪ではない。

若い教師を叱責する校長や指導主事たちの世代が経験していない困難を背負い、時代の「負債」を引き受けてかれらは教壇に立っているのである。

✳広がる教師への「不信の視線」

いっぽう、教師による犯罪や問題が次々とニュースになるなかで、社会的な教師への視線はますます厳しくなっている。

三人も保護者からの不信に苦しんでいる。それぞれに「他クラスに比べて落ち着きがない」「先生は昨年度の学級経営で失敗している」と非難されたり、抗議の電話や手紙に悩み、「担任を降りてほしい」とさえ要求されている。

昨年、ＴＢＳテレビで放映された『教師が大変・聖職の今昔』と題した番組での街の声では「厳しさが足りない」「プロ意識に欠けている人が多い」「一人一人をちゃんと見てくれているのか」「子どものことを一緒に考えて欲しい」など、厳しい声があいつぎ、保護者からのクレームも紹介された。なかには理不尽と思える要求や苦情も少なくない。「学芸会の役の決め方で、毎晩遅くに電話で二時間、三日間ぶっ続けに抗議された」「リレー選手が決まった後で、あの日は調子が悪かったのでとか、靴が重かったのでと、もう一度走らせるよう要求された」など、苦渋の例が証言されていた。

内閣府による保護者へのアンケート結果では、「現在の学校教育に満足していますか」という問いに、満足は中学校一〇％、小学校一二％で、不満は半数近くにものぼっている。そうした煽られたような不信の視線は、教師たちの指導をさらに難しくするスパイラルに陥らせている。

✺過重な労働と教職ストレス

現代の教師たちの心身の疲労は限界を越えつつある。

教師にとって一番時間をかけたいのは教材研究である。子どもの目が輝くような授業をつくりたいと願えば一時間の授業の準備にその三倍の時間は必要だ。何をどう教えるかの下調べ、教材作りなど時間はいくらあってもたりない。三〇数人の子どものノートや日記、作品を見て赤ペンを入れ、テストの採点や評価をする。子どもたちが日々巻き起こす「事件」にも、丁寧に子どもの声を聴き、指導が必要だ。その上に学校には多くの行事があり、教務、生活指導などの校務分掌があり、そのすべてに打ち合わせの会議と文書の作成や諸準備がある。教育委員会や管理職から求められるさまざまな調査や報告、指導案や提出書類も次々と重なれば、授業の空き時間がほとんどない日本の教師は早朝に出勤しても深夜まで帰れない。

文部科学省の調査によると、小中学校教師の勤務時間は一日平均一〇時間四五分、休憩時間はわずか八分だという。下手するとトイレにも行かれないほどの多忙さだ。

厚生労働省が一般企業を対象に同様の調査を行った結果と比較すると、教職員の過酷な情況が浮かび上がる。

「普段の仕事でどの程度身体が疲れますか」との質問に対して、「とても疲れる」と回答した教職員は四五％にのぼり、一般企業の三倍以上に及んでいる。さらに「うつ傾向の自覚症状」を訴える教員は一般企業の二・五倍もいる。「気持ちが沈んで憂うつ」「からだがだるい、疲れる」「イライラする」「食欲がない」など、どの項目でも一般企業に比べ「あてはまる」とした人の割合が多い。

昨年度（二〇〇八年度）の教職員の精神疾患での病気休職は五、四〇〇人、これは一〇年前の三倍、一五年連続で増加し続けている。

「教職員のストレスの原因」としては、「仕事の量」六一％で、「一週間のうちで休める日がない」四四％、「児童生徒の話や訴えを十分に聴く余裕がない」六二％、「勤務時間以外でする仕事が多い」九〇％など、日常の労働形態が教職員の心身に重い負荷をあたえていることがわかる。

✺責め立てる「関係」と沈黙の職員室

いっぽう、同じ調査で、教職員は忙しい、疲れている、という明らかな結果が出ているにもかかわらず、一般企業よりも仕事へのモチベーションや実生活での満足度は高いこともわかった。「仕事に意義・やりがいを感じる」「将来も今の仕事を続けたいと思う」などは、教職員の方がどれも二五～五〇ポイントも高い。特に「意義・やりがい」については、一般企業五二％に対して、九〇％に及んでいる。それは、教師のストレスの高さが、教職に抱く教師たちの理想や責任の高さを反映していることを示唆している。

そうだとすれば、教師にとっての苦しみは、多忙や子どもが荒れたり教室が混乱すること自体にあるのではない。自死した教師たちや三人がそうであるように、多くの教師たちは荒れる子どもたちを理解しようと努め、巻き起こるトラブルの解決や問題を抱えた子のケアに労苦を厭わず奔走している。そうした献身は、周囲からの感謝や正当な評価さえあれば、教師にとって「やりがい」や「充実感」に転化する苦労であるはずだ。

情熱と誠実さをもって教育の仕事に向き合おうとするこうした教師たちを追いこんでいるものは、彼らを取り巻く「人間関係」とその「評価」の視線にある。子どもを取り巻く大人たちの共同の営みであったはずの子育てや教育は、いまや政策的に分断され、しばしば脅迫的に責めたてる関係にさえ陥っている。

条件も与えず「授業が面白くないから子どもが騒ぐ」「毎日授業案を書け」などという指導主事

や校長の「助言」は、援助ではなく、身心ともに教師を追いこむ迫害でさえある。

劣悪な教育・労働条件と、愚かで有害な「教育改革」の諸政策が、教師の理想と心身の健康を奪っている。短期の成果主義による業績評価や、「学力テスト」「学区自由化」が競争をあおり、教師と子どもの温かい関係を奪い、支え合って営まれてきた教員相互や保護者との関係を崩している。かつて、子どもたちの話題やにぎやかな笑い声に満ちていた職員室は、あまりの多忙と些末な書類作成に追われて余裕を失い、孤立と沈黙の空間となっている。

✺挫折を越える再生への回路

容易には改善できない事態の前で「自分に力がないから」という内側からの自責が、しばしば若い教師の熱情を崩壊させている。

だが、問題は社会的に存在しており、子育てや労働の条件と、教育政策を根本的に見直すことを必要としている。それだけではなく、教師自身の心に希望を回復し、教師をとりまく人間関係を編み直すことが、いま緊急の課題になっている。

教師の心がおおらかで温かく、健康でなくて、どうして伸び盛りの子どもたちを育てることができるだろう。人は誰も、つまずいたり、転んだりしながら育っていく。子どもだけではなく、教師自身も失敗や挫折は避けられない。スポーツでも、負けた試合にこそ学ぶものは多い。うまくいかない現実は教師に子どもと教育への洞察を求め、新たな前進をうながす契機でもあるはずだ。

それでは、現代の教師たちがこの困難を越えて再生していくために、どうすればいいのだろう。

人生はどこか映画に似ている。苦労や困難こそがしばしば後の感動を呼ぶ貴重な伏線になる。教師にとっても、ときにはカメラを引くように問題を距離を置いて見ること、遠くを見ることが必要だ。

教育は人間の社会にあって「善きこと」を成そうとすることを本質とした仕事である。だが、人間とその社会は残念ながら醜悪なものや邪悪な部分を少なからず含んでいる。そのなかで仕事を続けるためにはすべてを自分の責任とは捉えず、現実を研究的に見据えることが大切だろう。

いっぽうで、教師は子どものありのままの姿に、もっと心のカメラを寄せて見つめることも欠かすことができない。苦しいとき、私たちの目には現実がすべて否定的な一色にしか見えないことがある。だが、クローズアップで丁寧に見れば、どんな子どもにも細やかな悩みや喜び、健気な心と伸びようとする疼きがある。そこに小さな光が見えたとき、希望が生まれる。記録を読めば、三人の再生の回路はそこから開かれている。

困難に立ち向かう最も人間的な方法は人々が「力を寄せ合う」ことだろう。自分にできないことは同僚の誰かができればいいと支えあえるチームワークこそ学校には大切なのだ。教師たちの共同が生まれるためには、職員室のゆとりと「おしゃべり」が必要だ。子どもたちのさまざまなエピソードが交流されれば子どもたちへの愛情がわく。そんな日の学校はどこか明るく、あたたかい。そんな思いは必ず子どもにも、親にも、いつか届く。

辛さや哀しみに心通わせる共感の言葉とまなざしが人を救う。三人はまたそれぞれに、そのことにも気づくことで、子どもたちに、親たちに、さらに同僚や組合にもつながりを求めて手を差し出し、再生に向かって歩きはじめている。

✺「未熟」のなかにある希望

それにしても、日本の学校教育はいま、〝未熟さのもつ魅力〟を見失っていないだろうか。『二十四の瞳』をはじめ若い教師を描いた映画には、技量や経験の不足を越えてただひたむきな情熱と愛情で子どもたちと向き合い、そこから生まれる思いがけない成長や交流の感動を描いた作品が少なくない。

困難に立ちすくみながらも、目の前の子どもの背負う生活を真剣に受けとめる感受性と、若さのもつ手探りの試みが子どもを変え、教師を成長させることがある。

それは教育という営みの不思議さであり、物語の世界だけでなく実際の学校現場でも無数に生まれてきた出来事だろう。

未熟さや力の不足は罪ではない。失敗だらけの実践にも輝きはあり、教師の思いで子どもは育つ。教育の評価には長いスパンが必要であり、教育の成果は教師が何を願い、何を試みていたかということだけでも子どもの心に残る。成功させることは容易でなくとも、願い、試みることなら誰にでもできる。現実はすぐには動かなくても、まなざしを変えることはできる。

そして、私たちが願うのは民主主義の教育である。民主主義とは正しいことを上から押しつけるものでなく、人々がよりよきものをみんなで探り合うことを本質としている。

そこには当然過ちや試行が繰り返され、失敗と反省の中から前進が生み出されていく。それは授業にも、学級づくりにも、職場づくりにもあてはまることだろう。

民主主義は人間の弱さや未熟を本質的に抱えながら希望を生み出していくものにちがいない。そうだとすれば教育もまた、つねに「試み」の形で、未熟な「未完の物語」として存在する営みであろう。

「私は純粋に子どもの難しさに寄りそい、助けてほしかった」「学びたい、つながりたい」「教師だって励まされたい」。三人の教師たちの切実な願いが胸に迫る。

若い教師たちには、子どもや自分の小さな変化を喜び、他の誰でもなく自分自身の眼で評価し、「ゆっくり」と自分を育ててほしい。ときに傷つき苦しいことも多い職業ではあるが、子どもの側に立ち続けることで何度でも再生できる教師であってほしい。

生きづらい学校現場にありながら、それでも三人の報告にただようしなやかな若さと、弱そうでも折れることのない強さに私たちは救われる。万引きした子を涙で抱きしめ、新聞紙野球で「かわいい」問題児と出会い直し、子どもとのハイタッチに「心の中の元気玉が増えていく」と感じる若い教師たちの、柔らかで爽やかなセンスに私たちは希望を見る。

そこには「子どもとともに生きていく」という、教師の小さな喜びと栄光が宿り始めているにちがいないから。

（『教育』二〇〇九年一月号「若い教師たちの挫折と再生をめぐって」、同八月号「何が教師を追いつめるのか。荒れる教室と沈黙の職員室」を加筆・修正）

【さとう・ひろし】元東京都板橋区立志村第一中学校教諭。教科研常任委員。学びをつくる会世話人。

Ⅲ

なにが教師を追いつめるのか

——遺族を迎えての合評会の討論から

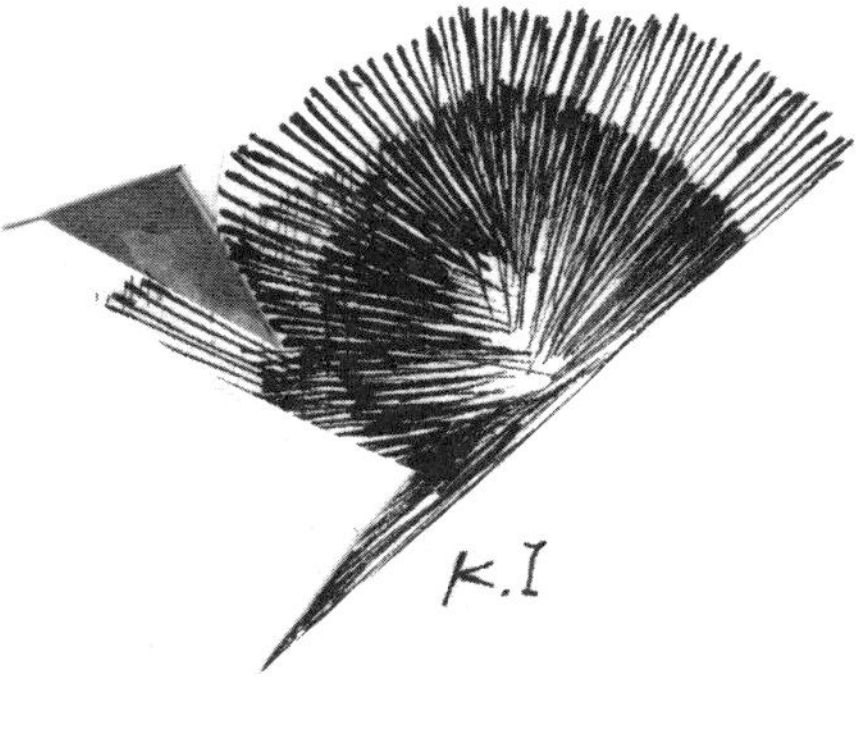

合評会の討論を紹介するにあたって

「はじめに」でも述べましたが、教科研では、『教育』二〇〇九年一一月号に特集した新採教師の自殺事件をめぐって、同年一一月一日(日)、明治大学(東京)を会場に、新採教師のご遺族をお迎えして直接お話をうかがう合評会を開きました。主題は「現代教育フォーラム/教師の苦悩と挫折から、希望と再生の回路を求めて」。これまで若い教師の自殺を考え「教師の挫折と再生」の分科会を続けてきた〈学びをつくる会〉と、〈教科研・教師部会〉との共催です。

当日は、現役教師、退職教師、教師をめざす学生、大学教員や院生、それと新宿事件Aさんの知人や支援者、マスコミ関係者など、六八人もの方が参加され、改めてこの問題への関心の深さを実感させられることになりました。会は冒頭、参加者の自己紹介から始まり、続いて静岡県磐田市で起きた「木村百合子さん事件」のご遺族と新宿事件Aさんのご遺族から、それぞれお話をうかがいました。事件の経過や問題点はI章でご紹介しましたので、ここでは、当事者の親の思いがどんなに重く深いものであるかをお伝えするために、冒頭にそのほんの一部だけを再録、つづいてその後、約八〇分間、会場で交わされた参加者の発言を収録させていただきました。

発言者のお名前は伏せましたが、それぞれの方から語られた内容は今日、日本の教師が置かれている状況をリアルに映し出し、追いつめれているのは、決して新採教師だけでないことを物語っています。さらに、ここから希望の灯をどう見いだすのか、ぜひいっしょに考えていただけたらと思います。

※発言者は、お名前がわかる限り連絡し、了解を得てまとめたものです。なお、当日の司会は、神原昭彦、佐藤博の二人がつとめました。

✳ご遺族の発言から

■静岡・木村百合子さんのご遺族（お母さん）から

「娘が亡くなった時は、天地が逆さまになったような衝撃を受けました。地球の色が抜けて、モノクロの世界になったような、そんな気持ちでした。

……教師になる喜びや希望をもって仕事についた娘を、私たちは助けてやることができませんでした。わが子が死んでしまうということは、親にとっては絶望です。

娘が亡くなったのは二〇〇四年ですが、静岡ではその四年前、尾崎善子先生（注）という方が亡くなられていて、公務災害を問う訴訟が起こされました。その尾崎先生の教訓が生かされていたら、木村百合子はこんなことにならなかったろうと思います。娘のことは今のところ、「公務災害ではない」「本人の問題だ」ということになっていますが、私たちとしては一日も早く事件の真相を究明し、再びこのような悲しい出来事が起きないよう、学校が働きよい場になってほしい。そのために、娘の命を活かしてほしい、役に立ててほしいと強く思っています」

【編者注】尾崎善子さん事件は、（次の新宿区事件のご遺族も触れているように）この会直前の一〇月二七日に、最高裁で「地公災基金による公務外認定を取り消す」という東京高裁判決が確定し、「うつ病発症による自殺」が公務災害と認定されました。事件から九年九カ月の長い闘いの末の、画期的な勝訴となりました（Ⅳ章で再論）。

■新宿区立小学校・Aさんのご遺族（お父さん）から

「同居している長女から、どうも妹が自殺しようとしたようだ。『私はもうダメだ』などと書いた遺書らしきものが細かくちぎって落ちている……という連絡を受けて、妻（母）が自宅へ駆けつけると、健康そのものだった次女の様子が一変していたと言います。全く表情がなく、言葉すら出なくなっている。妻の問いかけに目だけで応えているという状態でした。すぐに病院で受診し、薬などいただいたのですが、ほんの一瞬、目を離したすきに自殺してしまいました。

通夜、葬儀が終わり、私と妻は、校長先生や同僚、保護者の方々に大変なご迷惑をかけたということで、学校に謝りに行きました。ところがその後、いろんな方からお話をうかがう中で、娘がどんな状況の中で追いつめられていたのかという問題が見えてきたのです。

……娘が亡くなってから、同じように自死された方が全国に何人もいるということを知ることになりました。木村さんとも知り合いになり、最高裁で公務災害と認められた（尾崎善子さんの）ご遺族の方ともお知り合いになりました。本当なら知り合うこともなかった私たちが、こうして知り合わざるを得なかったことは本当に悲しいことです。そんな中で、娘と同じ悲劇をこれ以上繰り返してほしくない。妻が言うように、娘の命を無駄にしたくない。そのためにできる限りのことをしていきたいと思っています」

✴寝ていても夢に見るのは子どもの夢

■**大学教員**　私自身かつて小学校の教員をした経験があるのですが、今お二人のお話を聞きながら、たしかに、現代の教師の仕事をめぐる状況というのは私が教員をしていた五〇年前とまるっきり違ってきているということを強く思います。雑誌『教育』（二〇〇九年一一月号）で久冨さんも書いておられますが、いまや学校はサービス機関で、教師はサービス労働者として「教育」というサービスを提供し、保護者や子どもはそのサービスを受けてそれを消費しているのだと。そういう風潮があることは事実なんでしょうが、しかし、果たして教師の仕事というものが、そのように割り切れるものかどうか？

私がずーっと思っていることは、それも特に小学校の先生の場合はその全生活が教育だといって、決していいすぎではないということです。寝ていて夢を見るときも、子どもの夢を見る。子どものことを考えて眠れないことがある。私自身のことを振り返っても、あの子にあのとき、学力をつけてやれなかったという後悔や苦しみが教師を辞めても三年くらい続いて、思い出して冷や汗が出てきたことを思い出します。

大学の教員の場合、いくらかそういうことから逃れているのですが、小学校教師の教育への関わりというのはそれほどに深くて、その人の全生活をおおっているといって間違いないと思うんです。それくらい教育というものに打ち込み、賭けている。そういう点から、今お話をうかがったお二人の先生（西東京の先生も同じですが）は、すべての生活が教師の仕事であると考えておられたと、私には思えるわけです。

裁判においては（地方公務員災害補償基金についても）、自殺の原因が公務内か公務外かが争われるわけですが、教育学という面からいって、その区別はできないのではないかという問題がありはしないか。夢にまで見るということは、ここまでが公務で、学校を離れたときは別なんだと、果たして言い切れるのかどうか。

特に三人の死が赴任して二カ月とか、半年とかということを聞くと、普通の会社に入った新入社員の場合でも、その仕事に慣れるまでには寝ても覚めても仕事のことでいっぱいで、全生活がそれで占められてしまうわけです。

私たちの時代はまだまわりに余裕があって、少しぐらい手をゆるめても大目に見られた時代だったのですが、今はもう全くそういうことは許されない。仕事も私生活も区別がつかない中で教師は働いている。こうした事態、つまりすべての、一身上の重荷をかけるということは、現代の教育が抱えているものすごく深刻な問題ではないかと思うわけです。

彼女たちを死に追いつめた原因を徹底的に突き詰めると同時に、新任教師を支えるネットワーク、周りのケアというものがどんなに大切であるか、深く入り込んだ議論をする必要があると思っています。

✺不安抱え攻撃する親、その矢面に立たされるのが若い人

■小学校教員（男）　私は小学校の教員です。先ほど高校の先生から新採を担任にしないとやっていけないのか、という質問が出ましたが、うちの県の場合、新人が担任をするのは当たり前です。なぜか？　人がいないからなんです。

そもそも今の教育現場は、定数内の教職員だけで教育活動を行うということが想定されていない。現場は人手が足りず、そこを臨採者や再任用の人たちで埋め合わせています。新任の人を、負担が大きいからといって担任からはずす余裕はありません。また、管理職は新任の人に「担任やって一人前」みたいなことを平気で言っています。

こういう実態を見ていると、行政というのは「教師は楽をしている。苦労させて成長させてやるんだ」というふうに教師を見ているんだなあとつくづく感じます。彼らだってかつては現場にいた人たちなんですが、その現場をとっくの昔に離れて、今は高みに自分をおいて、現場の困難さを少しも共有しようとしない。その退廃というのを、特に行政のトップの人と話していると強く感じます。

私自身はもうベテランといわれる年齢で、このところずっと低学年を担任して若い親たちと関わっています。ここ数年、困難な状況が広がる中で強く思うのは、子どもの変化の大きさより、親たちの不安が広範に広がってきているということです。

その親たちの不安に、校内でのバックアップもない中、担任一人ひとりが丸裸で向き合わなければならない。うちの学校の場合、昨年は二四学級のうち六名が臨時的な任用の人だったんですが、そういう人にも、親がぶつけてくる不安に一人で立ち向かえという。

本来学校というのは安心をつくらなければならない場ですが、その不安に学校が十分応えられない。親たち自身もとてつもない不安に煽られている中で、学校が応えてくれない不満を攻撃としてぶつけてくる。そしてそのいちばんの矢面に立たされるのが若い人なんです。そういうとき、かつてなら、同じ学年の教師が一緒に考えてくれたり、支えてくれたりということがあったと思うんですが、今はすべて「自己責任」という形でかたづけられてしまう。

では、そうした理不尽な事態に対して、大きな声を出して立ち向かっていけば対抗できるかというと、なかなかそうは思えなくて、本当に苦しい状況です。

うちの学校にも若い人がいますし、同僚にも病気で休んでいる人がいます。ですから今日のご遺族の方のお話は決して人ごとではない。中にはこの問題を世代間の違いとして煽っている人がいますが、そういう主張にのっかるのでなく、自分のこととして考えていかなければならないなと思っています。

✳競争煽られ、どう自分の身を守るかという中で

■中学校教師（男）　中学校の教員です。現在、中一の学年三クラス一一八名を五人の教師で見ています。子どもたちは小学校の時からさまざまな事件を起こし、親も不安でいろんな相談が持ち込まれます。そういう事態に、相談をしながら対応しているという状況です。

学年の教員五人のうち、一人は臨時的な方で、もう一人は新採。新採も担任を持っています。ぼくは、本当は新採が担任を持つのはまずいと思うんですが、教師の人数が足りなくて持たざるをえない。

いま教師にはいろんな圧力がかかっているのですが、その一つがテスト学力の競争です。それが今、学校の中で蔓延している。

例えば区でテストをやる。区内には三〇数校中学校があるのですが、その中でうちの学校は何点だったのか、去年より何点プラスになって、平均点よりどれくらい上で……と事細かに分析され、それがホームページに掲載され、その後、点数を上げる授業をどのようにしていくか、叱咤激励され、競争を強いられる。そしてもしそれがうまくいかないと、さまざまな指導が教育委員会からも入るし、校長からも入るという状況です。

そういう意味で、子どもたちにとって、学校はある面で「選ばれる場」というか、価値としての「テスト学力をつける場」になっていると思うんです。

あと評定の問題です。これは、子どもに対する評定ではなく、教師に対する評定で、低い場合は指導力不足ということで、移動させられたり、賃金でも差をつけられます。校長や副校長も、二回くらい圏外に置かれると、降格という処分が課される。ということで、上から言われることは絶対に下まで貫徹されるように動いているのが、今の学校なんです。

こうした状況が厳然としてある中で、どうやって自分の身を守りながら、新採にも声かけをしていくのかというのはなかなかむずかしいことなのですが、職場にひどい扱いがあれば、気の合う人たちと一緒に動いて、なんとかやりくりしているというのが今の状況です。

✵六時台に出勤、やってもやっても終わらない仕事

■小学校教師（女） 今までの発言とダブルかも知れませんが、東京都の場合、一〇年くらい前から石原都知事による教育改革が打ち出され、それに基づいて行われている政策そのものが今日の悲劇的事態を引き起こしていると、私は思うんです。

私の勤務する区は学校選択制と区独自の学力テストを行っています。行政からは、管理職には経営的な手腕でやれという要請があって、学校として新たな〝売り〟を打ち出さなければ教育予

算も査定されますし、管理職もそれをめざしてやらなければ、左遷もしくは降格という処分が待っている。ですから管理職の中で辞めている方は多くいます。

うちはすごく小さな学校で、職員数は一六名。その中に新採の方が二名です。二〇〇六年に新宿のAさんの事件があったせいか、新採には担任は持たせないということが、約束としてあったのかもしれません。ところが、その一六名の中で三名の方が病気になってしまった。そうなると、どうしても人が足りない、すぐに担任をやれということになってしまう。今年も病気の方が出たので、新採の方が今、三年生の担任をしています。

そういう中で、朝、どんなことが起きているかというと、先生たちはもう六時台に学校に来ている。七時半にはほとんどの方が来て仕事をしています。やってもやっても残っていく仕事がいっぱいあって、一番最後に残るのが教材研究なんです。で、明日、なにをすべきかわからないというので、若い人は夜一〇時まで残っている。そういう中で、自殺に追い込まれるという悲劇が続いていると思うんです。

これはおかしいと訴えてもなかなか改善されず、私たちのサポートにも限界があって、これは今の教育のあり方を根本からひっくり返していかないと、悲劇はこれからも続くな、という不安を抱いています。

✳「もし僕に何かあったら」と父に伝えた日

■小学校教師（男）　先ほどからお話を聞いていて、新任で採用された年の五月二二日のことを思い出していました。なぜこの日を覚えているかというと、次の日がセンターでの初任者研修日で、私はこの日、はじめて学校を休んだのです。

当時、私は下宿で一人暮らしだったのですが、この日はもうメチャメチャに疲れていて、今日一日は何も考えたくないと思い、窓もカーテンも閉めきって部屋の中を真っ暗にして寝ていました。そしたら学校から電話が入っていきなり、「先生、明日は大丈夫？」って言われたんです。「今日はゆっくり休んでいいけど、明日はセンターの研修に行ってね」と。その時、「ああ、自分がこんなにしんどいというのは誰にもわかってもらえないんだな」ということを真っ暗な中で思ったことを思い出したんです。

新宿のAさんのことは新聞で見たか、インターネットで見たか、いずれにしろどこかで目にしていたんですが、その記事を目にしたころ、久しぶりに父親に会ったんです。その時、今思うと、何であの時、そんなことを口にしたかわからないんですが、父親に、「僕は自殺するということはないけれど、もし僕が病気で倒れたり、何かあった時は緑の備忘録を見てほしい」と言ったんです。

その頃の僕の生活というのは、一カ月の残業が一三四時間。この一三四時間というのは、一日八時間働いてその上毎日四時間以上、さらに土・日も仕事をしている。

ある時は、夜中の一時頃部屋に帰って、ベッドの上に座椅子を置いて布団をかぶって寝たことがありました。何でそんなことをしたかというと、ベッドに入って寝てしまうと、もう朝、起きあがれないかもしれない。そうしたら学校に行けなくなってしまう。座椅子の上なら起きてそのままの姿勢でベッドから降りれば、何とか学校に行けるだろう、そういう苦しい状況だったんです。

父に伝えたその備忘録というのは「五時五〇分に学校に行って、帰ったのは一時」というようなことをずーっと書き留めていたものなんです。六月が終わった時は、一カ月の残業が一三四時間だった。ですから父親にそのノートを見てくれと言った時は、仮りに自分が病気になったとしたら、その病気とそういう勤務実態がどこかで関係しているんではないかということを少しでも示せれば、と思ったんでしょうね。今思うと、そこまで追いつめられていたんだなあと思います。

しかしそういう実態は自分だけじゃない。同期でも、二年目の終わりからしんどい思いをして、「僕はスーパーマンにはなれないんです」と言って辞めて行った仲間がいます。他にも、毎日校長室に呼ばれたり、「次の研究授業、失敗したら、腹切ってもらうぞ」と言われたりしている後輩もいる。そんな中で、本当に教師というのは失敗が許されない、何から何まで全部できないとやっていけない――そんなプレッシャーを感じながらやっています。

✺守ってくれる人がいないつらさ

■小学校教師（男）　それで、一番しんどいことは何かと考えました。確かに保護者の対応もきびしいし、子どもからもきついことを言われる。その中でみんながいちばんしんどいと思っていることは、職場の中で誰も「あなたが悪いんじゃないよ」と言ってくれる人がいない。つまり守ってくれる人がいないということなんじゃないかと思うんです。責める人はたくさんいても。

そんな中で、仮に、「これこれこういうことを言われて傷ついているんです」などと口にしたら、そのことがまわりまわって今度は自分が非難の対象にされるんじゃないかと心配になる。

新宿のAさんの中に、チケットを配り忘れた話が出てきましたが、僕も同じようなことがあって、一軒一軒電話してあやまったことがあるんです。そんなことが一度でもあると、もう〝失敗ばかりする教師〟という目で見られるようになっていく。しかも一度そういうふうな眼差しで見られると、あとは何をしてもダメな教師、その人のやっていることはとことんダメ！ということになっていく。

子どもと関係をつくりたいと思って授業を変更してドッジボールをしていても、「授業時数、守らなければダメよ！」という声が飛んでくる。初任者のする教育はことごとく〝ダメな教育〟と

Ⅲ　なにが教師を追いつめるのか——遺族を迎えての合評会の討論から

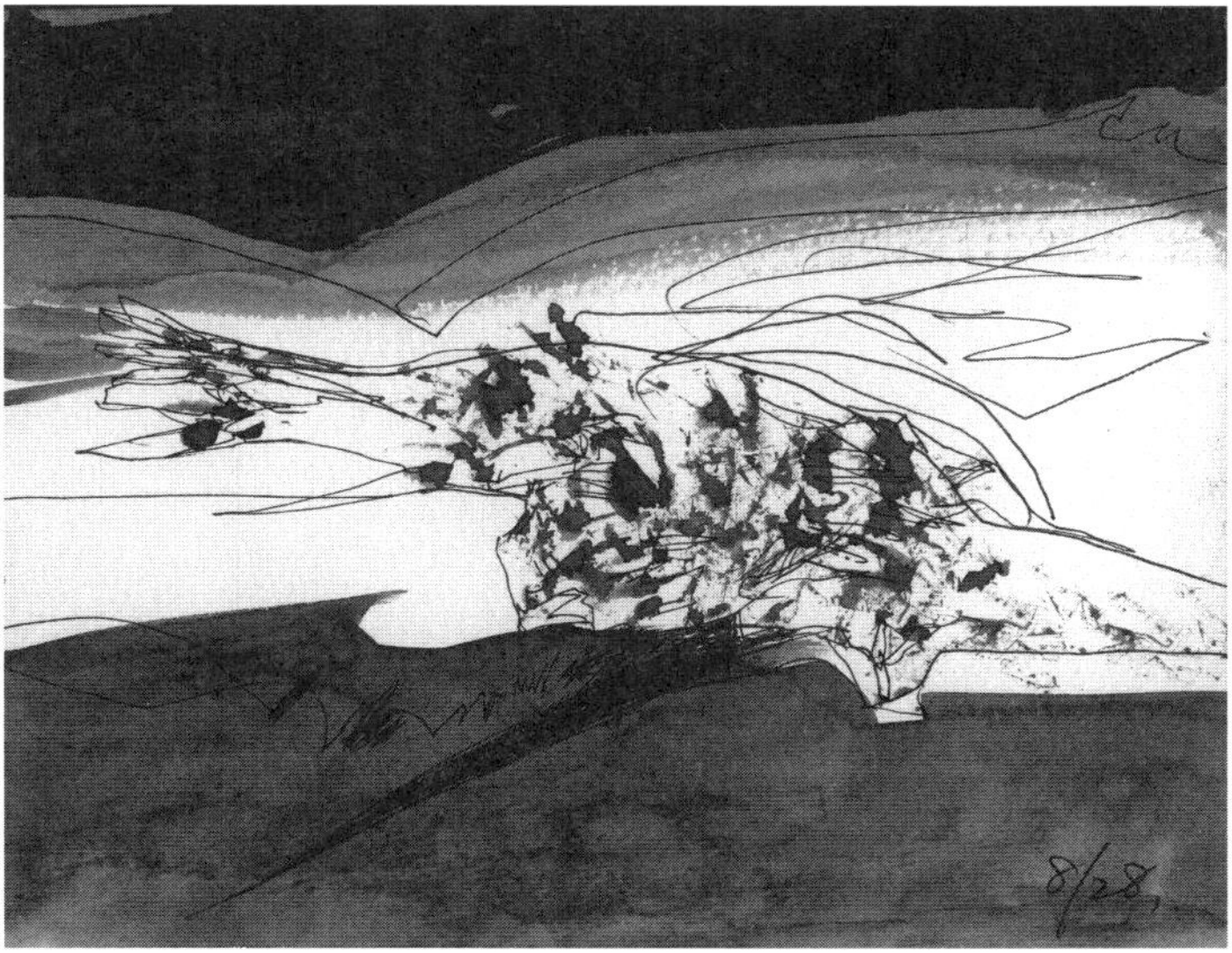

見続けられることのしんどさというのが本当にあるな、というのを感じます。

✺今の青年層に染みついている〝自己責任〟という足かせ

■小学校教師（男）　そういう中で、僕たち今の青年層というのは、新自由主義的価値観を全身に浴びて育った世代だということも、その苦しさを増幅させる要因になっています。自分の苦しさは自分の無能さからくると思わされ、一切を〝自己責任〟として引き受けてしまうという傾向がものすごく強い。

例えばこういうところで発言したときに「そんなにまじめに考えないでいいよ」とか、「気にしなくていいんだよ」とか言われることがあります。しかし、教師になろうと思ってきた人たちというのは、多くがずーっと〝いい子〟できた人たちだと思うんです。子どもの時から〝いい子〟であることで評価され、思春期には周りのクラスメートから浮かないように気を遣って、大学に入ってからだって、それなりのいい成績を取っていないと教師になんてなれないし、現場で役立つ力量もつけようとまじめに勉強する。

最後に教員採用試験で「本県の教育を担う上で、私はこんな資質・力量を持っています！」みたいなアピールまでさせられ、とことん〝試され済み〟で教師になっていく。

そんな中で、「気にしなくていいんだよ」と言われても、気にしてしまうし、しかもそれを、気にする自分が悪いんだと、そこまで責任を自己転化するというような回路になっている。それだけ〝自己責任〟ということがぬぐいがたいほど染みついている、というか、内面化しているんです。

こういうことをどこかで変えていかなければならないんですが、それには若い教師が無条件で認められたり、肯定されて行く場、自己責任から解放されていく場が必要だということを感じています。ちなみに、私たちはそのような場として、みんなで語り合うことのできるサークルをつくっています。

最後にもう一つ。最近強く感じているのは、「誰が教師を守ってくれるんだろう」ということです。

今、うちの学校では保護者からのクレームで、毎日夕方五時から電話でのやりとりが二時間、その後家庭訪問をして、帰ってきて校長に報告、夜一〇時までその対応に追われていて、その後、次の日の授業を考えるという先生がいます。そういう姿を見ていると、その先生の健康とか、教師が教師であることを誰が守ってくれるんだろう、そういうことが制度的に守られるには何が必要なんだろうかと、そんな疑問と思いを抱いて、今日この場に来ました。

■**司会**　ありがとうございました。きびしい現場実態の報告が続いていますが、教師という仕事は、本当は子どもと一緒に生きるとてもステキな仕事だったはずなのです。それがこんなに重く、苦しい仕事になってしまったのはなぜなのか、特に希望を抱いて教師になったばかりの若い方が何人も、死に至るほど追いつめられているのはなぜなのか、その背景についてそれぞれの方からさまざまなご報告をいただいたかと思います。

そうしたきびしい現状の中で、この苦しい状況を何とか変えていきたい。木村さんからは「娘の命を活かしてほしい」、Aさんのお父様からは「娘の命を無駄にしてほしくない」という切々とした訴えがありましたが、今日の会のテーマは「教師の苦悩と挫折から、希望と再生の回路を求めて」ということで、みんなで希望を探っていきたいという願いもあります。討論の後半、できましたら、その〝希望〟にも触れて、ご発言をいただけたらと思います。

✺教師をしっかりサポートする体制をつくってほしい

■元小学校教師（男）　僕が突発性難聴になって、片耳が聞こえなくなってはじめて学校を一カ月休むことになったのが、四七歳の時でした。当時の僕はそんな病気があることも知りませんでした。片耳が聞こえなくなって、授業がうまくいかない。そうなると、精神的なかく乱状態です。ちょうど新しい学校に赴任して二年目、六年生を担任して、教務主任をやって、研究推進委員長を引き受けていました。

それくらいの仕事を抱えるのはどこの学校も同じだと思うんですが、そもそも小学校の教師というのは、冒頭のご発言にもありましたが、子どもとの距離がものすごく近い。朝、おはようと言って、放課後さよならと言うまで、休み時間も昼メシもいっしょ、掃除も片づけも一緒、それで放課後、子どもを見送ってからも無事帰っただろうか、家に帰っても、夜中に電話がこないかなという心配まで含めて全生活がある。こういう仕事のスタイルそのものはそう変えられない。それに加えて、今さまざまな問題が教師の前に立ちふさがっている。

そこで、私も教職員組合の役員をやっていましたので、いろんなアンケートをとると、学級の定数を減らしてほしいという要求も大きいのですが、それ以上に小学校の先生たちから出てくるのは持ち時間数の減なんです。

例えば、コンピュータの指導が入ったらコンピュータの指導員を置く、英語が入ったら英語の指導者を置く、あるいは理科、図工、音楽……、それらには必ず専門の教師を置く。そういうことを他の国々と同じように常識にしていくことによって、子どもたちとの時間もできるし、教材研究はもちろん、他の先生が子どもを指導しているのを見て、子どもを見る目を学んでいくこともできる。そういう制度的要求を我々はもっと強く考えていく必要があるのではないかと思うんです。

今度、民主党政権になって、教員養成を六年にして、教師の質を上げよう、教育実習も一年間にすれば強い教師になるだろうと言っているようですが、そういうことをいくらやっても、現場が今のような状態である限り、事態は変わらないと、僕は思います。

例えばカウンセラーの配置でも、全校配置と言っていますが、実態は三校かけ持ちとか、五校かけ持ちでしょ。だからカウンセラーが来る曜日が毎月変わったりする。そういうことではなく、学校の中に先生たちをサポートする体制がきちんとあって、子どもたちは大勢の教師に見守られながら、自分の居場所がきちんと用意されている——そんな状況がつくられないで、今のような状態で突っ走っていく限り、六年制の大学を出た教師が来ようが、体育系の頑健な教師が来ようが、状況は変わらないですよ。

そして最後に言いたいのは、教職員組合の役割です。組合の組織率は昔と違って今非常に落ちているのですが、たとえそれが二〇パーセント三〇パーセントという数字でも、それが果たす役割は大きいと思うんです。かつての職場にはそれがあって、自浄力になっていたし、何か理不尽なことがあれば組合員は黙っていなかった。それが今は全くない。

しかし実態はそうだとしても、教職員組合にはもうひとがんばりしてもらいたい。一つ一つ制度要求をしっかりして現場の状況に対処していくことが、教師の安心した居場所づくりになっていくんではないかということを言いたいと思います。

✵「何とか死なないでやろうね」が合い言葉

■**小学校教師（女）**　今、組合の話が出ましたが、職場での実態というのは、組合員がビラ一枚配ろうと思っても、忙しすぎて配れなかったり、配られても読む暇がないというのが現実なんです。毎日睡眠時間が三時間くらいで倒れる寸前という中で、「元気にやろうね」じゃなくて、「何とか死なないでやろうね」「死なないで仕事しなくちゃ」なんていう言葉を交わしている状況なんです。

私のいた学校の管理職は親からの相談日を設けていて、保護者はそこで担任の対応への不満を直接校長にぶつける。そうすると、管理職は担任を交えて相談するのではなく、担任を呼び出して（それは私だったのですが）、「親からこういう苦情が来ている。親の要望に添った指導をしろ」と。「私の教育方針はこうです」などというのは全く問題外なんです。

で、自分の意に添わない者は、「あなたはあっちの学校に行った方がいいから」などと言って強制的に異動させられる。うちは一四学級の学校だったのですが、産休や退職、そして私自身も含め、七人が動いたため、後に新採がどっと入ってきて、おそらく校務分掌などもわけがわからず、大きな負担が新人たちにのしかかっている状態があります。そういった人事の問題も若い人たちには、困難を極める一つの大きな要因となっています。

提出を求められるたくさんの書類、新採研修や年次研修等に追われながら、本来の仕事である児童理解、学級経営や教材研究にも真剣に取り組もうと努力する。この困難な状況は若い人たちばかりでなく、すべての年代の教員にあります。組織はピラミッド化され、一人ひとりが話し合い理解し認め合うゆとりも場ももてなくなって教員は孤立化してしまうのです。

すべての教員にとってもそうですが、特に若い人たちが力を伸ばしていける、そんな職場づくりを誰もが自分のこととしてやっていくことが必要だと思います。それは、教員の人権が守られてこそ、子どもたちの人権も守られると考えるからです。

✺おじさん、おばさん先生で若い人を支える職場態勢

■小学校教師（女）　若い人たちをどう支えていくかということですが、私たちは何かあるとすぐにおじさん、おばさんが集まります。昔も今も問題が起きることは同じなんですが、実は私も採用になって二年目に十二指腸潰瘍になって、二カ月半パタッと入院しました。その時、先輩教師たちが、「何も心配することはないよ、全部やっとくよ」と言ってくれて、本当に何もしなくて、休んで学校に復帰できたんです。

そういうことを経験して、先輩たちに支えられてここまでやってきたんだというのが自分自身にもありますから、今、私たちが支える立場になって、どう若い人を支えるのか、それも常に考えているわけではないし、対応も決して十分でないのですが、とにかく何か問題が起きたら、お

じさん、おばさんがパッと集まって、「こうだね！」って相談し合う。そしてその人の抱える問題が終わるまで必ず誰かが居残っている。終わったら「どうだったの？」と言って話を聞く。聞くだけです。「ああすればいい」「こうすればいい」ということは言わない。とにかく聞く。「そう、そう、そうだったの」と全部聞く。そして次の日には、おじさん、おばさんたち全員がそのことを知っている。

おじさん、おばさんといっても、私たち年配者のことなんですけどね。うちの学校にはお節介おじさんおばさんがたくさんいまして、お節介と言っても「ああしろ、こうしろ」でなく、「若い人が気持ちよく仕事ができる環境をつくろうよ。そうでなくても大変なんだから」ということなんです。

でも実はそのおじさん、おばさんも大変で、いつ倒れるかわからない、「病気にならないでよかったね」くらいの感じなんですが、若者はもっと大変だろうというのがわかっているので、そういう職場づくりを常日頃から意識的にやっています。

私は今、五〇代前半なのですが、五〇代後半の人たちに支えられているんです。その五〇代後半の人たちが心配している。「これからどうなるんだろう？　団塊の世代の人たちが次々定年で辞めていく。この後、誰が支えていくの？　〇〇さん、あなたがこれからやっていくのよって」。そうやって継承していくのが職場づくりに必要ではないかと思うんです。

現在、私の職場は、小学生を子育て中の人が一人だけ、あとは独身か、子育てが終わった人たちなんで、仕事にさける時間は十分あって、いつも朝七時から夜一〇時くらいまで働いています。それでなんとかなっているのですが、これからは若い人たちが結婚して、どんどん子育てに入っていくだろうから、その時、そういう人たちがこんなハードな仕事を続けられるだろうかという心配もあって、組合員でも組合員でない人も、常にアンテナを張り巡らせて、一人で追いつめられることがないようにと、気を配っています。

もちろん、制度上要求していかなければならないことは山ほどあるんですが、それはすぐにはかなわないので、自助努力ではないですが、自分たちで互いを支えていく。そうでないと、今、ご遺族の方からうかがった話はとても他人事ではないと思います。

✺同期の人を自殺で亡くしてから続けてきた私たちの活動

■養護教諭（女） 私の勤務する区では今から六年前（二〇〇四年）、私の同期の人が自殺して亡くなるという事件がありました。そのことがあってから、同じことを繰り返さないように、同期の人たちとか、組合員も組合員でない人たちともずいぶん話をし、みんなでどうしたらいいか考えてきたつもりでした。にもかかわらず、新宿のAさんの事件が起きて、すごくすごくショックを受けました。

それで、同期の人の事件をきっかけに私たちがやってきたことというのは、新採から勤務四年目の人たちまでを対象にアンケートをとり、それをもとに東京都教育委員会と交渉をもってきたことです。

集まったアンケートは訴えがビッシリ書かれていて、匿名なのでどこの誰かはわからないのですが、もしその人が特定できたら直接会いたい、匿名なので連絡が取れないんですが、この人、このままで大丈夫かな、と心配になるような人が本当にたくさんいるんです。で、その声を行政に届けて、何とか改善してほしいと訴えるんですが、都教委の対応は本当にひどくて、最も最近やった時なんかは、「大量採用だから質が下がるんだよ」なんてことを平気で言う、人格を疑うようなことを平気で口にするんです。

そんな状況なんですが、とにかく声を集めてその声を行政に届ける。それは私にもできることなので、自分のやることとして、毎年それだけは続けてやってきています。

あと、自分の職場の若い人たちとなるべく会話を交わすようにしています。うちにも一年目の人がいるんですが、本当に大変で、朝の四時半に出勤して、一日に栄養ドリンクを何本も飲んで頑張っている。それを見て、この人、このままではつぶれるな、と思って、先ほどのお話ではないですが、そのことを学年の人たちに言いふらして、みんなでその人を支えたり、声かけをしたりということをしています。

あと、新宿のAさんのこと、そして私の同僚のことも若い人たちにどんどん伝えていこうと思っています。それ以外でも私にできることがあれば何でもやっていきたい。ささやかなことですが、少しでも希望につながればと思います。

✺娘は小学校の教師という仕事を恨んではいない……

■新宿Aさんの母　新宿Aの母です。今、皆さんのご発言をうかがいながら思い出したんですが、娘は最後にこう申しました。「子どもはかわいい」って。その時、目が輝いたんです。最後はほとんど表情がなく、目が空を見つめるだけで、「本当にあなた、生きてるの?」って言いたいくらいの状態だったんですが、最後に言ったのがその言葉だったんです。

娘が教師という仕事、それも小学校の先生になりたいというのは大学入学前、それも高校生の時から考えていたことだったと思います。そのために、いろいろな大学を考えて、二年目になんとか希望の大学に入学し、そこで非常に充実した四年間を過ごしました。そして希望通り教師になって、受かった時の嬉しそうな声は今までもよく覚えていますが、とてもハツラツとして、「受かったよー、お母さん!」と本当に喜んでいました。

勤務校が新宿に決まった時も、「住宅街の落ち着いた所だから、きっと子どもたちも落ち着いているだろうし、いい学校だよね」と話していましたし、最初の登校日の四月三日も早めに行って、学校の周辺をグルグルまわってから入ったと言っていました。娘は決して小学校の教師という仕事を恨んでないと思います。

私は親の悲しさで、この三年半、ずいぶん悔やんでいました。あの子が教師という道を選んだのは間違っていたのではないか、教師という仕事はあの子に向いていなかったのではないか、他に違う仕事があったのではないか、そうすれば今頃元気にやっていられたのではないかなどと……。親ながらそんなバカな考えを思いめぐらせていたのですが、今皆さんのお話をうかがっていて、それは思い違いであったと気づきました。

先ほどから、いろいろご発言くださった方々や、失礼ながら〝おばさん先生〟とおっしゃった方が、もし娘の周りにいてくれたら、娘は今きっとがんばって教師をやっていたと思います。悩みながら苦労しながらも、きっと先生をやっていたはずです。そのことが今、はっきりと自分で確認できました。

ただ残念ながら、幾重にも悪い状況が重なった所にあの子が入ってしまった。なぜかわかりませんが、あの子が選ばれてしまったのだと、私は思っています。ですから、あの子の命は（木村さんや西東京のBさんも同じですが）、これから教師になっていく方たちのために役立ってほしいと思っております。そのためにも若い人たちはどうか希望を持って先生をめざしてほしいと思いますし、今現場にいる先生たちにはもっと学校をよくしていただいて、教師としてやりがいのある場にしていただきたいと思います。

■**司会**　ありがとうございました。苦しい状況から何とか希望につなぎたいということで、ご遺族のご報告をもとに皆で考え合い、話し合いを深めてきましたが、ここから一条の光りでも感じていただけたら、今日の会は成功だったかと思います。

なお、この討論のまとめについては、主催者の一人である教科研常任委員の久冨善之さんにゆだねたいと思います。

今日は皆さん、長時間の討論、本当にありがとうございました。

※なおここに載せなかった久冨の「まとめ」の発言内容は、『教育』二〇一〇年一月号の「教育情報」欄に久冨自身が、この集会の様子として載せている。本書のⅣ章（次章）はそれも含んだ「まとめ」である。

Ⅳ

教師の仕事の今日的難しさとそれを支えるもの

あらためて「新採教師はなぜ追いつめられたのか」を考える

◉一橋大学名誉教授　久冨　善之

1、遺族の「思い」の深さに触れて

前章収録の集会で、二組のご両親の報告・発言を直接に聞く機会があった。淡々と語られる中で、「明るかった娘」「教師に採用されたことをあんなに喜んでいた」のに、わずか二カ月や半年で自殺するまでに追いつめられた、「それは何だったのか」「どこに問題があったのか」「それを『公務災害ではない』と強弁して押し切ろうとする教育界は何なのか」、それらの点を何としても明らかにし、それが「二度と繰り返されないようにしなければ、死んだ娘が可哀想過ぎる」と訴えられるのを聞いて、当事者の親の「思い」がどんなに深いものなのか、という点を教えられた。

この問題で雑誌特集号（『教育』09年11月号）を編集担当し、集会も主催者側だった自分がこれまで「他人事だ」と感じていたとは思わない。ただ、それまでのことがらの受け止めがやや浅かったとは率直に思った。これは人間の命がかかった大変なことで、見過ごしたり軽視したりすることはどうしてもできない問題だと改めて心に刻んだ。

またⅢ章に抜粋収録した議論を通じて、ことは亡くなった新採教師だけではない、すべての日本の教師たちの置かれた現状に地続きの問題だということを、これまでより深く考えさせられた。

本書でとり上げた三つの新採教師自殺事件（東京の二件と静岡の一件）は、いずれもその「公務災害」申請が行われたことで、つまりそれぞれの遺族の、耐えきれない悲しみに耐えた訴えがあってようやく、「希望を胸に着任した新採教師が、どうしてわずか二カ月や半年くらいで〈うつ状態から自殺〉にまで追いつめられたのか」、その事実経過の一端が社会的に明らかにされている。

これとほとんど同様に「追いつめられて苦しんだ／苦しんでいる」新人教師が、その実態も把握されないまま、日本全体でどれだけたくさんいるだろうか。Ⅲ章議論ではどこにもありそうだ。三ケースの「苦闘と悲惨」は、どの一つもそれだけで絶対に見過ごしにはできないが、同時にそれは、同じような数多い事例の氷山の一角であることも忘れてはならないと思う。

本書を通じての「なぜ追いつめられたのか」の追究は、三ケースの事実をどれも見過ごしにしないだけでなく、同時に今日の日本の新人教師たちや教師層全体が置かれた状況、その困難と苦悩と受難の全体を、社会に伝えなければならないと考える。

2、新採教師は特別に苦しい？

Ⅰ章の三ケースでも、Ⅱ章の三人の新人教師「手記」でも、新採一年目がいま、教師人生にとって一つの「鬼門」かのように特別苦しい時期に思える。

では、じっさいそこでの過労とトラブルを通じた苦悩で、自殺にまで追い詰められるような「悲惨なケース」はどれだけあるのだろうか。Ⅰ章の「(川人報告への) 質問と応答」では「正確にはわからない」となっている (28〜29頁)。それでも心配になる。

表1 (次頁) は最近六年間の「新採教師一年後の採用状況」である。

「死亡退職」は累計二四件であるが、この中に過労・ストレスによる事実上の過労死や自殺がどのくらいあるのだろうか？

また「病気による依願退職」累計四一六件の中では、仕事の過労・ストレスからの精神疾患発症によるものが多いのではないか (この点は最新の二〇〇八年度データだけ内訳があって、「病気による依願退職」九三件中の「精神性疾患」が八八件、じつに九五％に及んでいる。公立学校教師全体の病気休職中、精神性疾患の比率は六三％と高いが、それをはるかに上回る比率である)。

表１、　新採教師１年後の採用状況　（公立学校教師、最近６年間のデータ）

	2003年度	2004年度	2005年度	2006年度	2007年度	2008年度	6年間累計
不採用	1	7	2	4	1	4	19
依願退職	107	172	198	281	293	304	1,355
・うち不採用決定者	10	15	16	14	12	10	77
・うち病気による者	10	61	65	84	103	93	416
死亡退職	1	5	6	5	5	2	24
分限免職	0	3	0	1	0	0	4
懲戒免職	2	4	3	4	2	5	20
1年後の非採用者合計	111	191	209	295	301	315	1,422
全採用者数	18,107	19,565	20,862	21,702	21,734	23,920	125,890
1年後の採用者合計	17,996	19,374	20,653	21,407	21,433	23,605	124,468
＜1年後の非採用率＞	0.61%	0.98%	1.00%	1.36%	1.38%	1.32%	1.13%
＜1年後の採用率＞	99.39%	99.02%	99.00%	98.64%	98.62%	98.68%	98.87%

＊出典:『教育委員会月報』2008年11月・2009年の12月号に掲載のデータより（一部追加作表）

それに、書類上は「依願退職」になっていてもその中に「不採用」と決定された数が七七件も含まれているのと同様に、書類が「依願」や「病気」でも、実際はその後に過労死亡や自殺に至った例も考えられる。それらを表面化させない力が働くのだろうが、実はI章同様の「悲惨なケース」は表1の数字の向こう側に意外と多いのかも知れないと思わされる。

表1でもう一つ注目すべきは、一年後本採用されなかった数が増加してきている点である。一九九七年度は「四一人、〇・二六%」だった（注1）のに比べると、一〇年後の二〇〇六〜八年度の最近三年間は数・率ともに一桁上になってきている。

もちろん、なお採用者のほうが九八%強で圧倒的である。それでも百人に一〜二人が非採用となる現実は、西東京市における初任者研修での「『一日でも休むと不採用』と感じさせる脅し」が、西東京のBさんに本気で不安を感じさせるのに十分とも言えるだろう。「小さい頃から先生になるのが夢」であっただけに、いっそう不安が大きく、「夏休み明けも病気休暇を続ける」という選択をためらわせたかも知れない。

Ⅱ章の若い教師の「手記」のどれもがやはり、「新採一年目が特に苦しかった」と書かれている。こうした「苦しさ」には、西東京の場合に見られた「条件付き採用期間」の身分的不安定さや、また、その期間にクラスを担任しながら学校を離れる「初任者研修」も課せられているという点はあるだろう。しかしそれだけに止まらない、いくつかの問題の重なりがありそうだ。

3、子どもとの関係が難しい――新採一年目の難しさ・苦しさ（その1）

どんな職業でも、ある職場に新人として勤め始めることは「右も左もわからない」「とまどうことばかり」で当り前である。

まして教師が初年度から「小学校の学級担任」になるとすると、子どもたちの前に立って毎時間授業をやる点でも、何十人かの子どもをまとめる学級運営でも、他の教師と何ら変わらない仕事に四月からたちまちとり組むことになる。それは、一二年間の学校生活を生徒として体験し、教育実習で数週間「教師のまねごと」を体験していても、そういうものとは比べ物にならない大変さである。事務的な書類の書き方一つにしても、Ⅱ章の石垣「手記」にある通り、初めての人にはほとんど暗中模索・試行錯誤である。

中でも一番重要でかつ大変なのが、学級の子どもたちとの関係づくりだと思える。その点では、Ⅰ章のケースは状況がとても似ている。つまり新採教師たちは、何よりまず子どもたちとの関係づくりの点で困難に直面している。

静岡の木村さんは「ＡＤＨＤが疑われる一人の男の子」への対応にとても苦慮し、そこから学級全体が落ち着かなくなる。西東京のＢさんも、クラスの子の万引きがきっかけになっている（注2）。Ⅱ章の五十嵐「手記」も述べているように、自分がそれまで「当たり前」と思っていた「教師・生徒関係」や「子どもの姿」が通用しない現実の子どもたちへの戸惑いがそこにあるだろう。その状況に慣れない新採教師はそこで何とかそれを解決しようと懸命に努力している。にもかかわらずクラスの状況は簡単には落ち着かない、次々と振り回される。それは他の担任のクラスともはっきり違いがわかる程度に。

（唐突だがここで）この直面する事態から百年くらい引いて「学校と教師の歴史」を巨視的に見てみよう。

一九世紀の末葉（明治時代の前半）に、六〇～七〇人もの六～九歳の子どもたちを狭い場所に集めて腰掛けさせ、突然知らない大人が「先生」として登場し、「きちんと座って、先生の言葉を静かに聞きなさい」と言っても、子どもたちはその人をもともと師と仰いで集まって来たわけではないし、勉強したくて来たわけでもない子も多いのである。その子どもたちに授業を通して、集中して何事かを学んでもらうなどということは、ほとんど「至難の業」だっただろう。

「皆学制」の近代学校が、同じ年齢の子どもたちみんなを無理にでも集めて学校教育活動を展開しようと始めた状態（注3）は、およそそのようだったと考えられる。それがなぜ「教室では静かに座って、先生の指示に従い学習・行動する」のが〈当たり前〉になっていったのか？

それはこの百年余の間に、先輩たち教師の数限りない工夫・知恵・努力が実践的に重ねられ、そこで授業づくりと教師・生徒の関係づくりの体験も積み重ねられて、いつの間にか教師・学校への一定の信頼と学校秩序が「学校の当り前＝学校文化」にまでなったのだろう。

その「学校文化」が、学校内にも家族にも地域にも定着したことによって、「当り前」は支えられていたと思う。そこに私たちが「これが学校・学級と授業だ」と想定するような姿もあったに違いない。

そういう文化と信頼と権威に、時代的にはどの辺りから「崩れ」が始まったのだろうか？「教育荒廃」と言われ始めた一九七〇年代半ばくらいからだろうか？八〇年代以降か、あるいは九〇年代以降だろうか？いずれにせよ近年の一定期間に「生徒として」あるいは世代を重ねて「父母として」学校を体験した人々が、国民規模で蓄積した学校と教師への不信・不満の総量は、

図１、保護者の学校教育への満足と不満

現在の学校教育に対して満足をしていますか。〔子どもの学年別〕

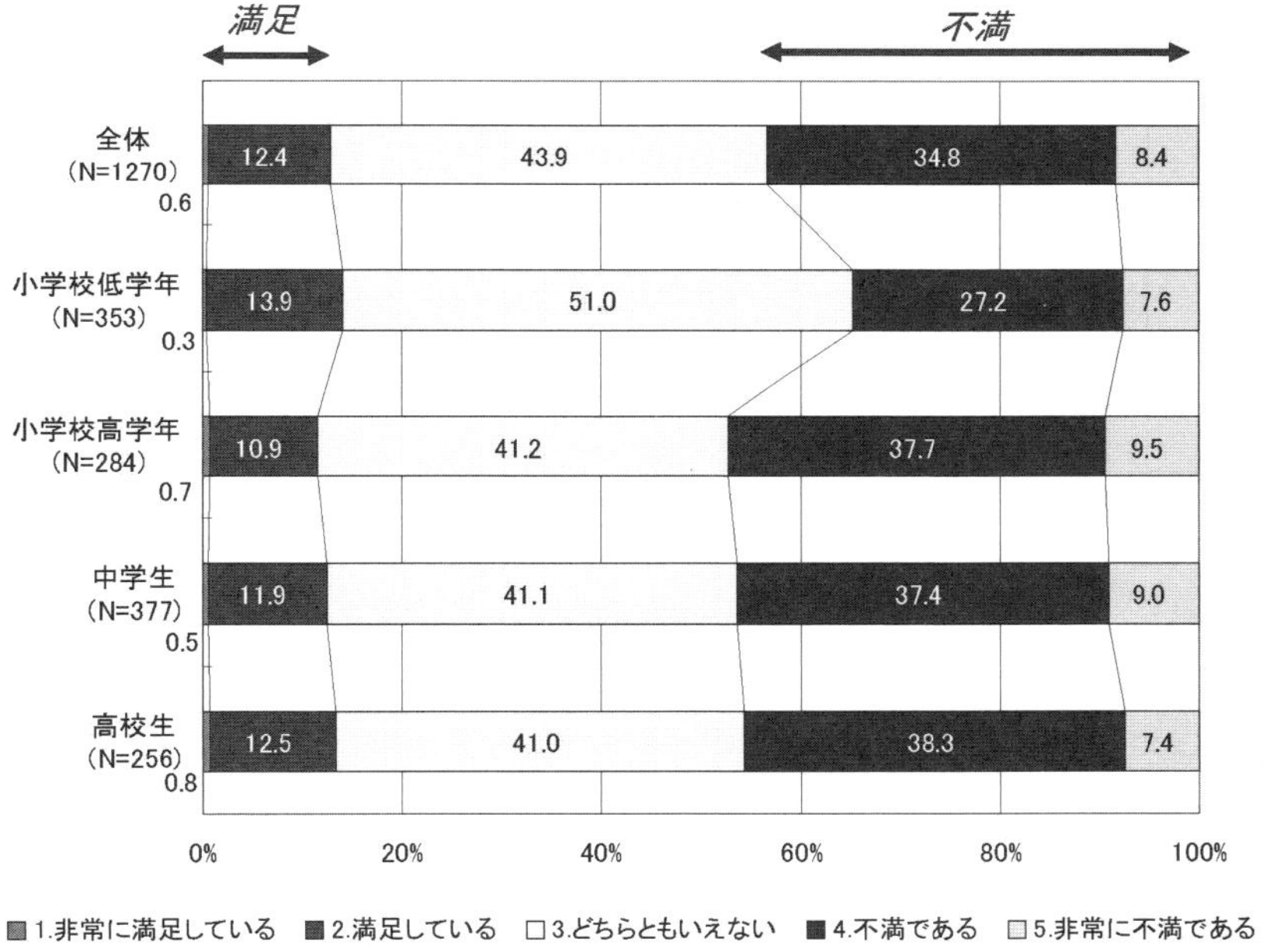

相当巨大だと思わねばならない。

たとえば、Ⅱ章の〔解説〕佐藤論文にも触れられている二〇〇五年内閣府の保護者調査では、図1に見るように、学校への「満足」は小・中・高とも一割余で、「不満」がどの学校段階も五割弱、つまり「不満」が「満足」の約四倍となっている（注4）。

今日ではかつての「当たり前」は、すでにかなりの場合に通常当たり前ではなく、むしろそこで教師・生徒関係を形成して行くことになる。

だとすれば、自分が生徒だった時代の学校体験では考えられないような「難しい子どもや学級の状況」に慣れない教師は、誰でも当初戸惑うだろう。

その戸惑いのほうがいまや「当たり前」になりつつあるとも言えよう。

4、父母との関係づくりの性格変化――新採一年目の難しさ・苦しさ（その2）

新採教師にとって「子どもとの関係づくり」におけるつまずきに始まるそれ以降のことがらの展開は、川人弁護士が「西東京のケースも（新宿と）まったく同じことなんですね」（19頁）と語っているように、そして悲しいことに静岡県磐田市の木村さんの場合も、ほとんど同様だった。

そういうクラスの落ち着かない状況を、わが子の様子や、学級参観の機会に知ることになる親たちが、「自分の子どもがこの若い先生がとても好きだから、学年初めだし、ちょっとくらいは大丈夫」と思えれば、それは良きシナリオである。「そのくらい当たり前」と思えず、むしろ自分の子どものこの一年間が心配になる親の中には、ひそかに気をもんで個人的な対策を講じる人もいるだろう。また、担任教師に連絡帳や手紙、電話、メールを通して直接に心配を伝える人も出てくる。その中には、若い教師に対する言い方が攻撃的になる人もいるのではないか。

それには、この間の学校観変化と教育政策とを通じて、「教育のことは専門家の学校・教師に任せる」という伝統的学校観や、「学校・学級は教師と親とがともにつくって行くもの」という民主的学校観でなく、「学校はサービス機関、教師はサービス労働者、親は消費者」という新自由主義的な学校観を身に着け、「学校・教師にどのような苦情の言い方をしようと、言う自分の側は安全だ」という思い込みがある程度広がったという面もあると思う。

それだけでなく、長年の学校・教師への不信と不満があって、何か心配や要望を伝えようとしても「苦情、イチャモン」的にしかそれを発することができないという場合もあるだろう。あるいはⅢ章の議論でも言われたように、父母の側での子育てや生活での不安・ストレスのレベルが高いために、ついつい言い方に性急さや攻撃性が伴ってしまうということもあると思う。

子どもの教師への反抗や落ち着きのなさは、それを受け止めるのが教師の仕事の本命であるし、そこに子どもたちとの交流もある。Ⅲ章議論・末尾の遺族の発言では、Aさんは最後にうつろな表情の中でも「子どもはかわいい」と言ったそうである。どのケースでも、新採教師はトラブルと長時間労働による消耗を抱えながらも（そして一時的に「子どもの顔も見たくない」となりながらも）、「子どもとの交流」をやり甲斐のある仕事として懸命にとり組んでいる。

Ⅱ章の平井「手記」で、「うつ状態・三カ月療養」の診断を受け、二日間休んで「（クラスの子どもの顔が思い浮かんで）やはり一年間担任を持ち切りたい」と出勤して行く。その姿にも、そういう教師魂が強く感じられる。

ところが父母からの厳しいクレームは、子どもとの関係に比べると、若い教師にはやや性格の異なるとてもきついものになっている。その攻撃性がエスカレートしたり、不安の声が親の間に広まったりすれば、いっそうきつい。

教師は自分の中に「教師としての誇り（＝教職アイデンティティ）」が保持できなければなかなか難しい仕事である。それでいて教師には自分の教育力量を確認することが難しいという、教える仕事に独特の性格がある（注5）。「アイデンティティ」は、自己評価だけでは確保が難しい。そこに他者からの何らかの肯定的評価があって再帰的に（注6）確保されるものである。

そこで、子どもではなく大人から「あなたの力量が足りないからではないか」と指弾されるきつさは、それに「根拠がない」との確信が持てない状況の中では、「教師としての誇り」を突き崩されるほどのきつさだろう。たまたま子どもから「ウルセー、くそばばあ」と言われたこととは比べ物にならないくらいの。

このような父母との関係での難しさが、多くの新採教師を悩ましており、不幸な例では「すべては私の無力さ」という自己否定感にまで追い込まれている。そこでは、子ども・父母とのトラブルへの対応が長時間の過重労働になることと、自己否定・自責による「教師としての誇り」の喪失とが重なっている。

Ⅱ章に「手記」を載せた三人、つまり今は手記を発表する若手教師たちも当初は「子どもとの関係の難しさに戸惑い」「父母からのクレームに悩む」という点では、ほとんど同様の状況である。それが何らかのきっかけや要因があって、子どもとの関係が、また父母との関係も次第に好転して行き、「教師の支援者」になる父母も登場したりして、その年度の終わりには親たちからいろんな感謝が寄せられるようなクラスになっている場合も多いのである。

だからまさに「学年初めだし、ちょっとくらいは大丈夫」という予測の通りであるし、若い教師が「子どもを思って懸命に努力している」ことは、どこかで子どもたちにも、子どもを通じて親たちにも伝わるものだという楽観も少しは持ちたいと思う。

そうやって一年目が乗り切れれば「あとはもう大丈夫」とは行かない。慣れと耐性は増すだろうが、新しいクラスの担任になれば、今までの経験や知恵がそのままでは効かず、かなり似た難しさがくり返されると、平井「手記」の二年目も、六年目の五十嵐「手記」も語っている。だから若手も、中堅も、ベテランも、今日では教師の仕事は難しいのである。

ところで、新採教師が学年当初にありがちな状況から、ますます苦しい方向へと一路追い込まれるのか、それともそこを何とかかいくぐって新しい展開のきっかけをつかみ乗り切るのか、を分けるものは何だろうか？　そしてそこに何があって、自殺にまで追いつめられたのだろうか？

5、管理職・同僚関係がかえって追いつめる——新採一年目の難しさ・苦しさ(その3)

Ⅰ章の川人報告が指摘し、岩井論文も批判しているように、そこでは校長をはじめとする学校管理層のことがらへの対処のあり方が大きいように思われる。

自殺にまで追い込まれているケースでは、いずれも校長や副校長などが、見通しを持って「初めは誰でもよくあることだよ」とか（五十嵐「手記」にあった）「あの大変な子どもたちを相手によくやっているよ」と、新任教師の苦しい立場を受け止め、その苦労・努力を認めて支えるどころか、その反対に「あなたが悪いからだ、あなたの責任だ、謝りなさい」と、ここぞとでもいうように責める側に回っているのである。

そうやって父母と学校の関係を穏便に納め、自分の管理職としての体面と業績に傷がつかないようにしているのかも知れないが、学校で働く教師の健康と安全を守る管理責任はどうなっているのか？　自殺者が出てもその校長を表彰している東京都教育委員会の無責任さにもあきれる限りである。

校長も「人事評価される存在」として楽でないことはⅢ章の議論にあったが、教師の生命や健康、そして伸びやかな成長と力量発揮は、学校として極めて大切なことがらではないのか。

職場の管理層や同僚が、同じ教師でありながら、新採教師の苦労を実質的にサポートするとは限らず、むしろ責める側に回って決定的に追い詰めて行くケースがあるというのは、「指導」に名を借りたある種の「組織的パワー・ハラスメント」であり、じつに恐ろしい事態である。

それに事件後の反省・改善の姿勢もなく、「公務災害申請」「裁判」にも非協力（静岡では逆に、申請却下を公然と応援する立場）とあっては、教育界の一部に巣食うそういう「隠蔽・事なかれ主義体質」や「弱い者いじめ風土」が、Ⅲ章収録の集会や本書刊行も含めた様々の方向からのとり組みを通じて、少しでも開かれて行くことを願わずにはいられない。

6、支えは職場の同僚か、学校外の仲間か――「同僚性」という言葉は使わない

では「支え」のほうでの分かれ道は、何だっただろうか？　これはⅡ章の「手記」がいずれも雑誌『教育』に載ったものであり、また筆者が眼にするのが『教育』掲載の若手教師手記（注7）や、教科研大会「教師の危機と希望」分科会での若手報告であり、さらに本書巻末に「紹介」を寄せてくれた「若い教師たちのサークル」なので、考察が片寄るかも知れない。

しかし、そういう一連のものを見聞する限りで、若い教師にとっての「専門職仲間（colleague）」ないし「仲間関係（collegiality）」は、今日ではほとんど一つの学校を越えてその職場外につくられた「若手教師だけの会」や、「組合とか民間サークル・実践団体の中の若手教師を中心とする集まり」になっている。

これらから少なくとも言えることは、教師にとっての「専門職仲間」は、同一職場に限られないという点である。同じ職場にいる場合もあるかも知れない（Ⅲ章の「職場のおじさん、おばさん

先生」発言はその例となる)。しかし、別の職場やサークルや組合、大学時代からの友人関係など、その職場の外にある場合のほうが多いのではないだろうか。そこに、今日の若い教師を支えるつながり、あるいは若い教師たち主体の支え合うつながりがあって、そこで新採や若手教師がつまずいた状況を率直に出し合い、「苦しいのは自分だけじゃない」と救われたり、自分の苦闘と悩みとを受け止めてもらったり、職場で受けた「管理職や先輩同僚からの叱責」が「じつは不合理なもの」と気がついて自責感から解放されたり、他の人の経験に学んだり、対処への適切なアドバイスをもらったりする。そういう過程で、意識/無意識に、「子どもに対する見方や対処」についても新たに広がった視野を持てたりもしている。

あるいは「クレームを寄せる親」についての新しい理解も開けたりしている。それは他に代えがたい専門職仲間の集まり・関係になっている。これがまさに、若い教師たちの専門職仲間性(collegiality)そのものだと思う。

ところで、何年か前から「教師の同僚性」という言葉をよく見聞きするようになった。Googleで「"教師の同僚性"」と入れて検索すると、たまたま約五万六千件のページがあると出たので、一定の広がりがあることは間違いない。

「同僚性」はおそらく'collegiality'という英語の訳だと思われるが、誰が使いだしたのだろうか？日本語の「同僚」には、「同じ職場で働く人」という含意が強い。その意味の英語は、workmate

Ⅳ　教師の仕事の今日的難しさとそれを支えるもの

やco-workerで、colleagueは、「同一の専門的職業者の目標を共にする仲間」を指している。つまりそこに「同一職場」という意味はほとんどない。したがってcollegialityも第一に「同一専門職の間の仲間関係・仲間性」を意味する言葉である（注8）。

筆者は、学校教師について「同僚性」という日本語の今日的使われ方は、次のように「まずい」と考えるので使わないようにしてきた。

「教師の同僚性」や「同僚性の回復」という日本語は、同じ職場の教員たちが「もともと信頼ある仲間関係だった」「そういう関係であるのが本来のあり方」「そうでないのはおかしい」という美化されたイメージと価値観を強く喚起する言葉になっている。そもそもそういうものだろうか？同じ学校職場の中には昔から対立もあり、考え方の開きもあって、さまざまの教師グループもある。もちろん、同じ職場にそういう心許せる本物の仲間関係の広がりがあればとても望ましいことだが。むしろ悲惨なケースで見たように、管理職も含めた教師同僚たちの職場での関係が、教員評価制度の浸透もあって（かつての「子どもの学級集団」が、今や「いじめ・いじめられ関係の風土病的温床」になっているのと同様）学校職場関係の「悪質化」へ誘う力も強く働いている。

元来が美化はできない、つまり職場の教師関係がどこでも「いいことづくめ」ということは原理的にあり得ない。新人教師がある職場やその教員文化になじむ過程は、いつの時代も〈成長〉の面と〈堕落〉の面とを含んで展開するものである。人生はそういう「まだら」の中にあって、肯定的な質をどれだけ広げられるかと苦闘し、ある時期には否定へと追いやる力も強いというのが、ことがらのリアルだと考える。

「同僚性」という言葉がまずいと考えるもう一点は、職場外のサークルでの「悩みや愚痴のこぼし合い」から始まる「今日的に広がる、職場外の教師仲間関係（collegiality）の姿」を一段低いものと見て、「同僚」という言葉に込められた一つの学校職場での仲間関係のほうを特権化する点である。

かつてよく使われ（Ⅲ章の議論でもたびたび出てくる）「職場づくり」や「職場集団づくり」「教師集団づくり」は大切だと思う。それは、「同僚性」という用語とよく似てはいる。しかし「職場づくり」は、それがない所、不十分な所に、どういう質の教職員集団の形成をめざすのかという実践的・展望的な視角を持っている。それは、「美化すべき職場関係が元来存在していた」とは考えない運動的な言葉であり、このほうがずっとふさわしい。

「同僚性の回復」という言葉は、「元来の学校職場」の無前提の美化作用だけでなく、今日の「教師を支える仲間関係づくり」の方向性について、職場内を特権化し、視野をそこに集中する作用を持つ点でもまずいと考える。

もちろん、職場集団でも同僚関係でもいいが、どんなにそれを悪質へと向かわす力が働く現状の中でも、最低このくらいの「相互サポートは工夫し合意して」、たとえば「（クレームを言う）保護者には、担任を一人にしない、そういう場合は管理職でも他の同僚でも、『最低二人で』と確認して（注9）、教師間の連携を確保することは、大事な知恵だと思う。そのような職場の教師間関係を、ある高校教師は適切にも「チームプレイ」「チーム性」と呼んでいる（注10）。だから、その意味で「同僚性」などというトリッキーな言葉を使う必要はないと考える。

7、「低い信頼」から一歩一歩

学校教育に関わる人間たちの中で、かつては教師が特権的に信頼される存在だった。それは学校の制度と文化が定着する過程で、限りない先輩教師たちの努力の積み重ねがあり、また国家的バックアップも、そして父母・地域との関係形成もあって存在した「教師の権威の黄金時代」だったと言えよう。

しかし間違いなく、それはもはや過去のものである。地域や学校段階や個別学校の間の差も大きく、簡単に一律には言えないが、今日多くの教師たちはおおむね「かつてよりずっと低くなった教師・学校への信頼」をベースにして、自分の教育活動を遂行して行く位置にあると考える。それは、子どもや父母との関係づくりという課題の元々の難しさが、一人ひとりの肩にかかってくる状況である。

新採教師も、制度と文化によって何重にも守られて教職生活を始めるのではなく、そのような防壁が大いに弱まった中で出発しなければならない。

その際、Ⅱ章の石垣「手記」や五十嵐「手記」を読む限り、学校外の「地域教科研」や「教育実践ゼミ」というベテラン教師と若い教師たちが集まるサークルで、自分のクラスの難しい様子も話し、他者の同様の状況も聞いて、アドバイスももらい、子どもたちとの関係にちょっとした「ゆとり」、つまり子どもを見守り、受け止め、励ます姿勢が生まれて、それを通してつまずきの出発点だった子どもたち（石垣さんの武司くん、五十嵐さんの雅美ちゃんや一馬くん）との関係に変化が生まれたこと。それがクラス全体が落ち着いてくる動きになり、父母との関係も徐々に好転させるきっかけになって、自分の中でも新しいものが見えてくる。職場の管理職・同僚からも「頑張っているんじゃないの」と言われるようになっている、というように私には読めた。

もちろん五十嵐「手記」が指摘しているように、子どもや父母とのトラブルがあっても、管理職・同僚がⅠ章の三ケースのようなひどい対処でなかったことは、分かれ道としては重要だったと思う。だが、教職アイデンティティは自分も認め、他者も認めるような「教師としての力量発揮」を通して安定的に確保される。

だとすれば、教師の仕事の中心である子どもたちとの関係の変化や授業での充実が、歯車の回転を方向転換する上ではポイントだったのではないかと思うのである。

そういう学校外での仲間関係が職場内にあればいいが、そう簡単ではない情勢の中で、若い教師たちの悩みと学習要求に応えるつながりの場・関係を「教師の仲間関係」として多様に工夫することが、「低い信頼」時代の教員世界の知恵かと思うのである。そういうネットワークの集積はやがては、職場の同僚関係が新採教師にとって「迫害的」な方向へとますます悪質化するのを押しとどめ、今日の学校現場で「職場づくり」を少しでも進める教員社会全体の民主的な力にもつながるだろう。

8、「教師として安全・健康に働く権利」の確立をめざして

働く者としての権利の点はⅡ章の〔解説〕佐藤論文にかなり触れられているので、そこで触れていない以下の四点だけを箇条にして述べておきたい。

《1》Ⅲ章冒頭にも触れた、同じ静岡県で二〇〇〇年に起きた「教師のうつ病・自殺事件（尾崎善子さん事件／117〜118頁）」での地公災の不当な「公務外」処分と静岡地裁の不当判決を、東京高裁が取り消し（二〇〇八年四月二三日判決）、最高裁がそれを再確認して（二〇〇九年一〇月二七日判決）、公務災害認定が確定したことは重要である。

東京高裁の画期的な判決（注11）は、「うつ病」を個人の内因性だけでなく、環境ストレスが誘因として大きい病気であること、「几帳面、まじめ、職務熱心、責任感、誠実、柔軟性にやや欠ける」という性格傾向は、十分「教職員として採用するにふさわしく」、それがうつ病と関係があったとしても、「真摯に職務に取り組んだ」ことがもたらしたストレス因が大きくて、うつ病を発症したとすれば、まさに職務と深く関連して起こった災害であると認定すべきであるとしている。

「教師の仕事に関連したうつ病・自殺」を、職務と関連する公務災害とする判例が確定したこと、そこで地方公務員災害補償基金・本部が好んで用いている「その程度の過重労働やストレスは、他の人でもあるから公務外だ」という論理が、高裁・最高裁判決ではっきり否定され、「まじめな教師が職務上の大きなストレス因でうつ病を発症すれば、それは公務災害」とすると認定されたことは、一つひとつの「公務災害」係争にいまも関わって努力している人たちを限りなく励ますものである。

動かないように思える社会も、このように確実に一歩一歩、歴史的に前進するという確信と希望とを多くの人々と共にしたいと思う。

《2》佐藤論文で教師の過密労働とストレス状況のデータは、「ウェルリンク」のホームページからのものだが、二〇〇八年の同じプロジェクトで、教師調査とともに全国教育委員会への調査も行っている（注12）。
「教員のためのメンタルヘルス対策」に関し、「必要」九九％、「とり組み不十分」七三・八％、「教員のメンタルヘルス不調者の数は増加する」七〇・九％となっており、多くの地方教委が自らのとり組みの不十分さを認め、このままでは今後も「不調者」が増加するという認識を表明している。メンタルヘルス対策も必要だが、それ以前の状況改善に責任があるのではないか。

《3》じっさい「精神性疾患」による休職者は増え続け、図2（次ページ）に見るように、この一五年間の病気休職者の増加はほとんど精神性疾患によるものである。直近の二〇〇八年度で、その数は五四〇〇人（公立学校のみ）、病気教職者に占める比率は六三％にまでなっている。新採教師の苦悩に象徴的に示されたが、苦しめられているのはどの年齢層の教師も変わらない。

《4》文科省も認め、国際比較でも明確な、日本の教師たちの「長時間労働」（この点の詳しいデータを紹介・検討するスペースがないので、『クレスコ』〈大月書店〉二〇〇九年一二月号特集「ＳＴＯＰ！教職員の長時間過密労働」を参照されたい）については、Ⅲ章の第一発言者（大学教員）が言うように、日本の教師たちの「子ども思いの熱心な教師魂」が、逆に、教師としての労働時間や労働密度をまともなものに抑えるという課題を（組合があるのに）やや軽視する教員文化につながったか

図2：病気休職者数と、うち精神疾患による休職数の推移

（ 1987～2008年度、図は各年、公立学校のみ ）

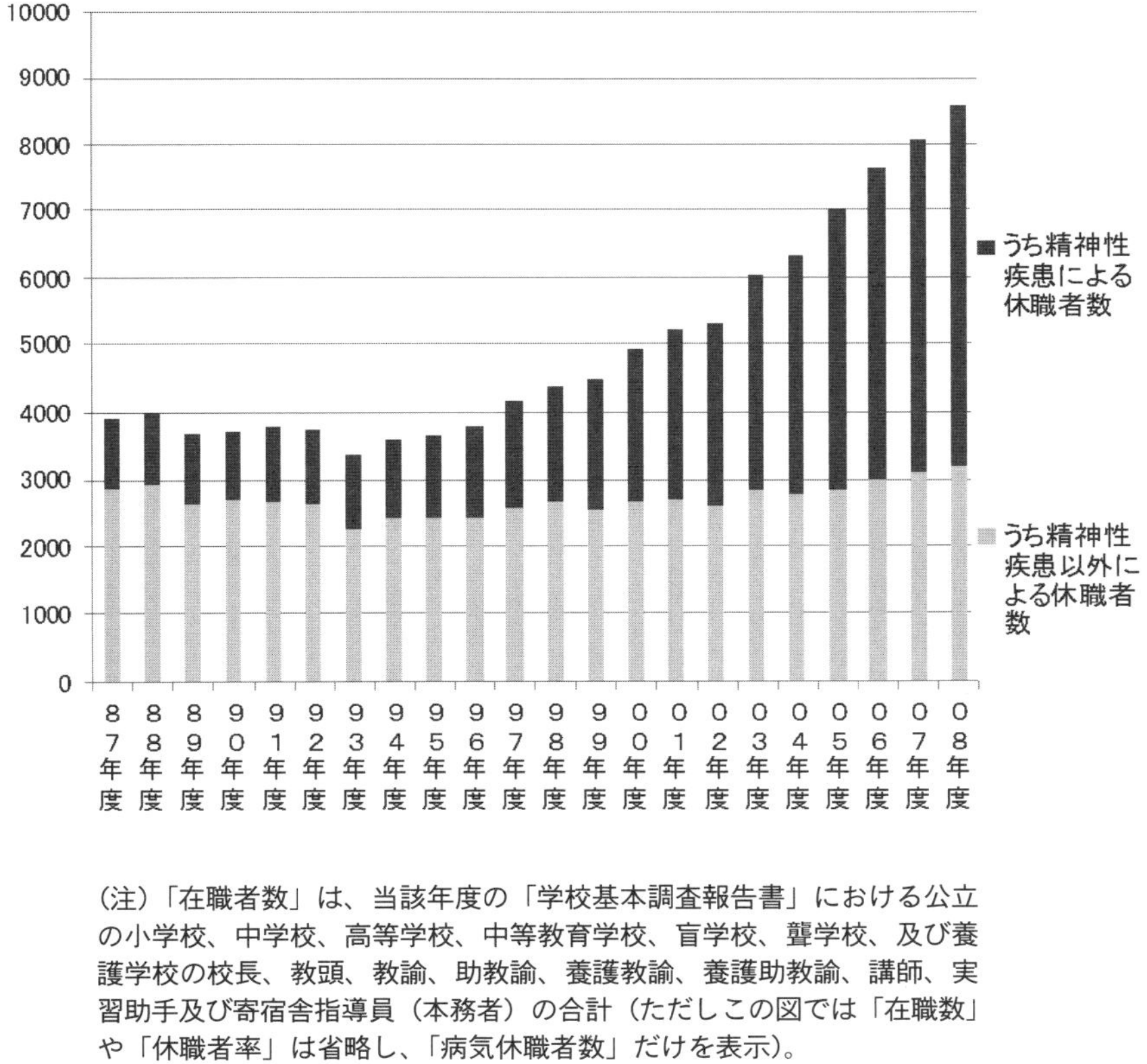

（注）「在職者数」は、当該年度の「学校基本調査報告書」における公立の小学校、中学校、高等学校、中等教育学校、盲学校、聾学校、及び養護学校の校長、教頭、教諭、助教諭、養護教諭、養護助教諭、講師、実習助手及び寄宿舎指導員（本務者）の合計（ただしこの図では「在職数」や「休職者率」は省略し、「病気休職者数」だけを表示）。

も知れないとも思われる。

新採教師が、就寝午前△時、起床午前五時台、土・日も出勤、月の超過勤務が一〇〇～一三〇時間、ある時はそれ以上という状況や、「何とか死なないでやろうね」が教師たちの合言葉になる（Ⅲ章135頁）のは、どう考えても異常である。「そんなにやらないと済まない仕事量を課していること」は、労働基準法違反であり、また明確な労働安全衛生法違反（注13）である。この点を何としてもストップさせなければならない。

9、いま、「教師」をめぐる世論と政策指向の転換期

この二〇年余の間、教師に対する不信・不満がマスコミ論調の基本にもなり、父母・国民の不信・不満を追い風に、「いいかげんな教師たちを、仕事の成果できちんと評価し、鍛え直す」というのが教師政策、教員制度改革の基本指向となってきた。しかし、こうした論調による教師への「眼差し」や政策・改革は教師を追い詰めるばかりで、教師の力量や仕事内容が向上するどころか、教師の中に「精神疾患」を急増させ、果ては過労死や自殺などの悲惨な状況を生んでいる。「成果主義の教員評価制度」の導入が、どれだけ教師たちを苦しめ、学校職場を「悪質化」しているかは、Ⅲ章でのいくつもの発言に生々しい。

教師たちが精神的にも健康で、伸び伸びとその力量を発揮し、また成長することは、学校が子どもの成長を助け、見守る「場」になる大事な条件である。いまの状況は「教師たちがこれほど苦しんでいる」ことがすでに社会問題であり、これを何とかしないと、日本の学校教育の明日はない、というほどひどい状況だと言えよう。

教師に対するマスコミ論調も、政策・改革方向もいま、「ここまで苦しみ追い込まれている教師たちの状況を、何とか真っ当なものにしなければ」という指向へと転換する、まさにその時期だと思う。とりわけ「成績主義の教員評価」はいますぐやめよう。

若く熱意ある教師が、短期間に自殺にまで追い込まれた本書の三ケースは、右の状況と転換の必要性とを「誰も否定できないほどの悲惨さ」で訴えていると思う。三党連立政権の教育政策が今後どうなるかは、ほとんど未知数だが、それを見守るだけでなく、「社会問題にまでなった教師問題」の解決を各方面・各方向から求めたい。

その一石として、本書における「新採教師はなぜ追いつめられたのか」の追究が何らかの意味を持てればと思う。

〈注記〉

（注1）東森英男「増加する「新採1年目退職」をどのように考えるか」（『クレスコ』二〇〇八年一

一月号）を参照。

（注2）新宿区のAさんの場合、特定の子どもがたまたま出てこないが、保護者四人が特別に参観に来て、その後「子どもがもめても注意しない」と校長に告げているので、クラスの子どもたちの落ち着かない状態が、そこにあったことは推測される。

（注3）尋常小学校四年間を義務教育とし、満六歳からの就学を決めたのは、一八八六（明治一九）年の小学校令で、その翌年四月から全国的に実施された。

（注4）内閣府ホームページの左記アドレスのページ http://www8.cao.go.jp/kisei-kaikaku/old/publication/2005/1007_02/item051007_02_01.pdf この概要版では六ページの図を図1として転載した。

（注5）教職アイデンティティ保持が教師の仕事にとって決定的に重要な点、及び教える仕事の独特の性格については、久冨編『教師の専門性とアイデンティティ』（勁草書房／二〇〇八年）の1章を参照。

（注6）「再帰的」とは、たとえばある人の行動・発言が、それを受けた他者からの反応を通じて、行動・発言とその発信者に意味や評価が与えられるような関係性を指している。A・ギデンズ『モダニティと自己アイデンティティ』（秋吉他訳、ハーベスト社／二〇〇五年）を参照。

（注7）たとえば、『教育』二〇〇八年一月号、四月号、『教育』二〇〇九年一月号、四月号、一一月号などに掲載の若手教師の一連の手記を参照されたい（Ⅱ章の三手記も、そこから収録したもの）。

（注8）'collegiality'の第二の意味として、社会学的組織論において「官僚制（bureaucracy）」に対する、「同等・水平性（collegiality）」という意味があって、後者の典型は大学・学部の教授団とされている。ある職場内の分業・協業態勢が、資格・権限・職務においてピラミッド型か、同等・水平型かとい

う組織論的性格の二類型である。学校職場の教員たちのこの点での関係は、「同じようにクラスや授業を担当する、子どもたちにとっての教師たちである」という点に注目すれば、確かに「同等・水平」という側面がある。これは一九六〇年代に宗像誠也・伊藤和衛論争として議論された。そして、その後の教育政策を通じて、「官僚制的性格」のほうがますます強められていることは、Ⅲ章議論にもあるように大きな問題である。ただし、今日使われる「教師の同僚性」は、この意味ではない。

（注9）ここでの引用は、いずれも『教育』二〇〇九年一一月号「座談会」、二〇～二一ページの神原昭彦発言から。

（注10）宮田雅己「職場の同僚とどうつきあうか」（田中孝彦・藤田和也・教育科学研究会編『現実と向きあう教育学』大月書店／二〇一〇年）を参照。

（注11）この静岡地裁判決と、その事実認定に依拠して逆の判断をした東京高裁判決とは、http://www.courts.go.jp/search/jhsp0010?action_id=first&hanreiSrchKbn=01　という最高裁の判例データベースから検索できる。画期的な高裁判決の趣旨を、本文の短い紹介では伝え切れないが、ぜひ原文を参照されたい。

（注12）ウェルリンクのホームページ、二〇〇九年八月五日アクセス版から。

（注13）二〇〇六年改正された労働安全衛生法は、学校職場にも適用されること、そこで働く者の身体的・精神的健康を守る活動に大いに活用可能である点は、村上剛志監修・教職員の労働安全衛生研究会編著『学校にローアンの風を　―　すぐ使える労働安全衛生法』（教育ネット発行、桐書房発売／二〇〇七年）という本が、とてもわかりやすく的確である。

》コラム《

若い教師たちのサークル紹介

明日の授業をどうすればいいのか、学級づくりや子どもとの関係をどうつくるのか、問題を抱えた子をどう見ればいいのか、保護者への対応や職員室の人間関係、提出書類の書き方など若い教師に悩みはつきません。時間が足りず、うまくいかないことの連続で自信を失い、心が沈み込む日もあります。

そんなとき、同じ悩みを抱える仲間と語り合い、経験豊かな先輩にアドバイスをもらえれば、目の前が開けることがあります。

若い教師たちが、集まって語り合い、学びあえる広場やサークルが全国にあります。忙しいなかでも、ちょっと息を抜いて、そんな集まりに参加してみてください。教師という仕事にある温かい味わいや面白さ、教材のヒントや見えなかった子どものほんとうの姿が見つかるかもしれません。教師として自分をゆっくり成長させるためにも、若い教師たちの語りあいの場に、教師自身の学びの場にぜひ出かけてみてください。

以下のサークルはいつでもみなさんをお待ちしています。

ダボハゼの会（北海道）

北海道教育大学岩見沢校で子どもに関わるサークルを立ち上げ、活動した学生を中心に「子どもたちのことを語り合い、学び合おう」と集まりました。「参加者すべてが実践者」「目の前の子どもたちにできることを」をモットーに年三回、実践報告会や交流会を行っています。

会員は現職教員、退職された教員、学生、大学の教員などさまざまで、札幌だけではなく、道北、道東、道南にもおり、全道各地から集まってきます。北海道の民間教育研究団体に所属する会員が多く、大会で実践報告をしたり、大会の運営に関わったりと実践やさまざまな人とのつながりが広がってきています。

困ったことがあればお互いに相談し合い、「その道のプロ」を呼んで学習したり、各サークルの学習会を紹介してもらったりと、たくさんの学ぶ機会を得られる場となっています。

【連絡先】高橋公平

詳しくはダボハゼの会ホームページ（http://www.dabohaze.net）をご覧ください。

K4（北海道）

〔気軽に教育を語る会〕

北海道・檜山のある若手教師のひと言――

「先生、愚痴を聞いてほしいんですよね。そんな集まりできないですかね」がきっかけで生まれたK4。勉強になる研究会も必要だけど、愚痴や不満、弱さを言って気持ちがスッキリする研究会があってもいいんじゃないか。例えば適切ではないけれど「トイレのような、時にはおつりをもらうような研究会を作ろう」というのがそもそもの願いで活動がスタートしました。

道南・檜山の厚沢部町を拠点として、毎月第四金曜日を基本に集まりを持っています。教師として日々生活する中で、「困ったこと」や「最近、はまっていること」などの交流はもちろんのこと、実践レポート交流やものづくり講座、理論学習など内容は多岐にわたっています。

【連絡先】内糸俊男

詳しくはkhf04543@nifty.com（内糸）まで「Ｋ４のことで」ということでお問い合わせください。

らいおん例会（青森）

〈青森県西北地方の若い教師の学習サークル〉

■原則は月一回ですが、冬場はやや少なめの会合です。金曜日の夜18：00～20：30に開催しています。

■授業実践が中心です。各自学級通信や子どもの作品、指導案などを持ち寄ります。悩みに応じた研究授業の教材研究、指導案作りなども学習素材となります。

■若い先生、中堅の先生、超ベテランの先生など参加者はさまざまです。自分が「若い」と思っている人なら誰でも参加できる「若い」人たちのサークルです。ただし、先輩先生からの一方的な講座などは一切しません。誰でも自由に語り合える雰囲気を大切にしています。

■終わってから有志で飲み会を行い、職場の話、趣味などのプライベートな話に花を咲かせています。そのような話をしながら、悩みも共有しています。

【連絡先】澁谷隆行／momo_k_sei@ybb.ne.jp

ＷＡ会（千葉）

〈千葉県生活指導研究協議会若手サークル〉

クラス集団がよくなるのに柱や筋道があるってホント？／ルール破りの子をどう指導したらいい？／先生がいないとうるさくなってしまうのはなぜ？／叱ってもすぐ同じことを繰り返すのは子どもが悪い？／子どもに寄り添うことは甘やかし？／感覚やセンスだけの学級経営を脱しよう！

こうした疑問に迫ろうとする学習会です。月一回を目標に、①参加者の実践レポート分析、②文献学習、③講師を招いての講座という方法で学んでいます。

一〇名程度の若い先生が参加し、「横の関係」で学習中です。自分たちで自前の学習集団づくりを経験しながら学ぶことは、教師としての力につながると思います

【連絡先】飯塚真也／shincin.27xo@gmail.com
ブログ：ＷＡ会.com　http：//wakai2010.blog109.fc2.com/（携帯でも可）

Ｆ５（千葉）

〔エフ　ゴー　船橋生活指導サークル〕

千葉県船橋市内の小学校に勤務する若手教員が中心となって集まり、各自が実践しているクラスづくり・授業づくりのレポートを用意して語り合います。

今まで「クラスでできるレク・おもちゃ作り」「運動会での『ダンス』を通じた学年集団作り」「楽しい算数の授業プラン」「絵画指導と作品検討」「体育の授業でクラスの団結を高めよう」など、様々な提案で盛り上がりました。

参加しているのは、同じような経験年数の若手がほとんどですので「一人の悩みは、みんなの悩み」であることがよくわかります。みんなで一緒に考えて、明日からの教育実践のアイデアと「元気」を持ち帰りましょう。

■場所＝船橋駅前ビル〝FACE〟五階のフリースペース
■日時＝毎月第一・第三月曜日18：30～20：30
（ただし祝祭日は除く）
【連絡先】鈴木秀彰（船橋市小学校教員）
e-mail szhsideals@di.pdx.ne.jp

虹の会（千葉）

〔臨時教職員サークル〕

▨東葛地区＝千葉県北西部の東葛地域を拠点とした、教員採用をめざす仲間が学び合い、交流し合うサークルです。メンバーは小中高校・特別支援学校の教師をめざす学生や臨時教職員、そして現役の教師が集まってきています。

定例ではありませんが、多いときには週一で三月～八月は採用試験対策ゼミを行い、それ以外は教育実践講座に取り組んでいます。「ひとりぼっちの臨教をなくそう」「すてきな先生になろう」を合い言葉に、悩みを共有したり、みんなで励まし合ったりする中で、自然と仲間になっていきます。

【連絡先】寺田勝弘／04－7145－1291
tokatukyoso@gol.com
千葉県臨時教職員サークル「虹の会」

▨船橋地区＝例会は月二回。JR船橋駅近くの公共施設で三月～八月までは教採試験対策講座を中心に、九月～二月までは教育実践講座をしています。交流会が多く、年に一度は合宿をしています。参加者は臨教に限らず、学生も、正採も、千葉県外からも。何かあれば「虹の会」に話しに来る。分かってくれる仲間に話すと、明日からまたがんばれる。そんな誰もが何でも話せるサークルにしていきたいと思っています。

【連絡先】徳田暁夫
totoro1957ai731@docomo.ne.jp

千葉青年教職員の広場（千葉）

全部で六カ所ありますが、初めにできたのは船橋。職場での悩みなど語り合うなかで「ここにくれば話を聴いてくれる仲間がいる」、そんな〝場〟になりました。

その後、子どもや授業、学校のこと、いろんな話ができる場を身近につくろう!!と各地の青年部が中心となって作りました(^_^)。今では職場の同僚を誘って、だれでも参加できる〝場〟になっています。

（文責：全教千葉／中村由美子）

▨**ココスの会**（柏、松戸）＝「COCO'S南柏店」と「COCO'S常盤平店」交互に隔週水曜日19：30から。

【連絡先】柏＝**中村由美子**（090-4598-6866）

松戸＝**中田郁乃**

ikunofantasista@docomo.ne.jp

▨**かたつむりの会**（流山）＝「爆弾ハンバーグフライングガーデン流山前ヶ崎店」月一（月末）18：30から。

【連絡先】林智子

tomoko-h731@eco.ocn.ne.jp

▨**つながらん会**（野田）＝食事会「COCO'S野田バイパス店」、学習会「野田市中央公民館」月一金曜日（不定期）

【連絡先】中川晃／090－6795－5001

akiller28-miketramp-whitelion@docomo.ne.jp

▨**鎌ヶ谷教育ネットワーク**（鎌ヶ谷）＝「鎌ヶ谷市中央公民館」月一回

【連絡先】大岩秀敏／047－444－7154

▨**さとの会**（市川）＝「和食さと市川菅野店」

月一金曜日（不定期）19：30から。
【連絡先】善浪昭
AKiRaRa505@t.vodafone.ne.jp

▨ジョナ会（船橋、浦安）＝「ジョナサン習志野台店」第二（四）水曜日、「ロイヤルホスト津田沼駅前店」第四（五）水曜日19：30から。
【連絡先】矢澤真実／090－6001－0516
truth-m.0-03.h-m@nifty.com

若手教育実践研究会（東京）

関東地区の若手教師の会です。一年目、二年目の教師が自分のクラスをそのまま語ることのできる学習会です。

学校ではとても話せないこともこのサークルでは安心して話せます。少し経験をつんだ若手教師は自分の実践報告、さらには先輩教師に学ぶ講座も開いています。どなたでも参加できます。

新人教師が教師生活をありのままに語った『失敗だらけの新人教師』（大月書店）もつくりました。お読みください。例会は月一回程度、会場は池袋の南池袋小学校で金曜日七時からです。
【連絡先】村山士郎
murayamasss.611.daito@jcom.home.ne.jp

学びのＷＡ（東京）

若い教師や学生たちが中心となって立ち上げたサークルです。

若い教師が失敗するのは当たり前、ときには悩みを話したくなります。実践が未熟であっても「子どもたちが大好き！」「子どもたちの瞳が輝く授業がしたい！」という思いは負けません。「自分はこんなにがんばっているんだ！」と話したくなります。

■どんなことでも話し合える「話」
■思いを聞き合い、心の和む場をつくる「和」
■学び合う仲間が広がっていく「輪」
という三つのＷＡを大切にしています。

会では、参加者一人一人が語ることができる時間を設けるようにしています。ベテランの先生方にも参加していただいて、アドバイスをいただきながら、思いや悩みを自由に語り合うことができる会です。

【連絡先】「学びをつくる会」ホームページ(http://www5d.biglobe.ne.jp/~manabi/)で例会の案内をご覧ください。

教科研・教師部会（東京）

教科研（教育科学研究会）は日本の子どもと教育の現実を見つめ、教育実践と教育研究の交流を通して教職員・父母・学生・研究者がともに学びあいながら、現実に働きかける研究活動をすすめています。教師部会はそのなかで、教師がいま何に悩み、何を求め、教育という職業を生きようとしているかを多角的に検討し、深まる困難の中でも教師が生きる勇気と希望をとり戻すことを求めて研究と交流をすすめてきました。

八月に開かれる教科研大会の分科会「教師の危機と希望」が中心ですが、不定期に学習や交流の会も開いています。

小・中学校、高校の現場教員や退職教員、研究者、保護者など広い参加者とネットワークがあり、悩みに応じて適切な助言者の紹介や対応ができます。ぜひ、ご連絡ください。

【連絡先】佐藤　博／03－3931－8753
sa_hiroshi@infoseek.jp

社会科ゼミナール（東京）

スタートは二〇〇六年の夏。若い人たちと魅力ある社会科授業づくりを考えたいと立ち上げ、四年になります。当初は、ベテランの社会科授業を講座形式で開いてきました。

最近では、若い人の授業や取り組みの分析・交流とベテランの授業講座を組み合わせて開催しています。また、社会科に限らず、いろいろな教科の取り組みや授業についても考える企画を増やし、ベテランの講座を織り交ぜながら若い人たちが語り合う場を多くするようにしています。

会場は、遠く神奈川・埼玉・千葉から来る人もいるため、都心の築地社会教育会館など中央区の施設を使っています。

参加者は、新採の人から三〇〜四〇代が多く、多い時には一五〜二〇人くらい集まります。最近は現場の忙しさもあって、開催は二カ月に一回くらいと不定期になっています。【第一土曜か、第三土曜の午後】

研究会の後は、いつも築地周辺で交流会を行っています。

【連絡先】田所恭介
k-tadokoro@e03.itscom.net

紙ふうせん（神奈川）

〔相模原生活指導研究協議会〕

一、月1回の定例会。毎回一〇〜一五名が集まり、その大半が初任〜数年の教師。

二、必要に応じて臨時に例会、個別の相談会を行っている。

三、例会のプログラム

■「ミニ講座」＝会員の得意技（ゲーム・物づくりなど）を交代で紹介し合う。

■実践報告とその分析・討論（報告者の思いを大切にし、明日からの見通しを確かなものにする。）
■小グループに分けて「悩み相談」の時間を必ずとる。
♥合い言葉は「一人で悩まない」「あなたは悪くないいんだよ」
【連絡先】篠崎　修／042‐758‐0874

(仮)センセの放課後（滋賀）

「こんなこと言っちゃいけないかな?」「自分が悪いから仕方ないか……」そんな風に思って、職場では呑み込んでいる言葉を素直に出しあおう、そんな集まりです。

コーヒーを淹れて、ケーキやお菓子をつまみながら何でも話し合う……この集まりは職場ではない（仮）の場だけど、本当は自分たちの職場の放課後をそんな時間・空間にしたいという願いを（仮）に込めて、あつまっています。月一回程度（土曜日の午前中）に開催しています。
※詳しい例会の様子は『クレスコ』二〇〇八年一一月号をご覧ください。
【連絡先】ishimasa@mx.biwa.ne.jp
または、077‐526‐2912（「センセの放課後のことで……」と言ってください）

エデュカフェ（京都）

二〇〇八年五月二四日(土)にスタートし、場所は京都市教職員組合右京事務所を模様替えして使っています。中心となって進めているスタッフは、青年教職員三人です。

若手の先生を集めて、カフェのような雰囲気でケーキを食べてお茶を飲みながら、毎月一回休日の午後（だいたい土曜日の午後）にしています。

「自由で楽しくまったりとしているのがエデュ

カフェ」であり、日頃の愚痴や悩みから、趣味の話、実践の交流、スポーツ、飲み会、講師を招いての学習会、講師向け教員採用試験対策講座など、青年の要求に合わせてテーマを設定しています。毎回の案内は、携帯メールで送信しており、毎回若手の先生が六～一二名程度、ベテランの先生も数人参加しています。

二〇〇九年は、京都市教職員組合と連携し、大きな会場で二度の「全市版エデュカフェ」を実施しました。一度目は約二〇名、二度目は多くの初参加者を含めた三六名もの参加がありました。

【連絡先】京都市教職員組合右京支部
075 - 314 - 8143
得丸 tokumaru@leto.eonet.ne.jp

あとがき

みずみずしいばかりの夢を抱いて教育の仕事に就いた三人の若い女性教師の死が、この本の出発点になっています。読むことがつらい本であるかもしれません。それでも、この本をつくろうと私たちが考えたのは、いま、同じ悩みと辛さに耐えながら教壇に立っている数知れない若い教師たちと、彼らをとりまく人びとに、その声にならなかった声を届けたいと願ったからです。

「自分であること」が壊されていくほどの教師たちの苦悩の深さは、現代日本の学校の危機であり、この社会の異変を物語っています。

三人はみな理想を求め、自分の最善を尽くそうと誠実であり、子どもたちに愛情を注ぐ心やさしい先生でした。この国の未来を生きる子どもたちのためにも、彼女たちをこのままに埋葬することはできない、そう考えた多くの人びとの想いの深さと広がりで、この本は成り立っています。

今日、見えない希望とつかめない自信に悩み、生きることへの不安にさらされているのは若い教師だけではありません。それでも、耐え難くつらい現実から人が絶望せずに再起できるとしたら、それはどんな力によるのでしょう。そうした切実な「問い」をはらみ、この現状を一歩でも変え、教師たちが再生できる回路を求めて私たちは模索してきました。

子どもたちが子ども時代を幸福に生きられるように、そしてその後の長い人生を生きていく勇気と力が学校から育まれていくように、私たちは望みます。そのためには、すべての学校に安心と自由があり、教師自身が幸福な笑顔で子どもたちの前に立っていなければならないでしょう。学校のまわりでそう願う人びとが数多く存在し、「自己責任」を連帯に変え、手をつなぎ合うことができること、いつか学校と社会が変わりうることをこの本は伝えているように思えます。

どんな逆境にあっても、希望は、希望を探ろうとする人びとのなかにあり、そうした人びととのつながりを自分のなかに含みもつことで、私たちは生き直すことができるはずです。

学校は明日も校門を開き、たくさんの子どもと教師たちが教室に向かうことでしょう。「現代の貧困」と呼ばれる暗い影がどんなに闇を濃くする時代にあっても、学校こそは温かい光に満ち、人間らしい声を通いあわせることができる場所となるように、この本がささやかでも役立つことを願ってやみません。

本書の作成に当たり、思い出すこともつらい出来事や心のうちを丁寧に私たちに語ってくださったご遺族のみなさまに心から感謝申し上げます。

また、労働者の命と人権を守る弁護活動を続け、新採教師の痛ましい自殺死の公務災害認定をめぐっても献身的に活動されている川人さん、厳しい学校現場にあっても木村さんの裁判を支援し続けている岩井さん、自らの教師であることの苦悩と希望のありかを率直に綴ってくれた若い教師のみなさん、多忙ななか、教師の挫折と再生を語り合う会に参加してくださったみなさん、その中での発言の再録にこころよくご協力くださったみなさん、ほんとうにありがとうございました。

若い教師のための「サークル紹介」にも、全国から思いがけないほど多くの方々が呼びかけに応えてくださり、感謝にたえません。このほかにも各地にあるはずの学びの場に、若い教師のみなさんが足を運び、その交流の輪の中から教育を生きる元気を汲み取ってくださることを願います。

最後になりましたが、この本は、教育現場の苦境に心を痛め、教師を励まそうとする高文研の金子さとみさんの熱情と助言のおかげで形を成すことができました。付してお礼申し上げます。

二〇一〇年二月

編者の一人として　**佐藤　博**

久冨善之（くどみ・よしゆき）
1946年生れ。東京大学教育学部卒。一橋大学名誉教授。現在、教育科学研究会常任委員。専門は教育社会学、学校文化・教員文化論で、教育と学校の社会性、また教師の仕事、その独特の難しさと乗り切りにまつわって生じる文化を研究。著書は『競争の教育』（旬報社）『教員文化の日本的特性』（編著／多賀出版）『希望をつむぐ学力』（共編著／明石書店）『教師の専門性とアイデンティティ』（編著／勁草書房）など。訳書はG.ウィッティ『学校知識』（共訳／明石書店）など。

佐藤　博（さとう・ひろし）
1948年生まれ。香川県高松市出身。早稲田大学法学部卒。09年まで東京都板橋区立志村第一中学校社会科教諭。教育科学研究会常任委員・学びをつくる会世話人。著書（共著）『生き方を創造する平和教育』（一光社）『若い教師の本』（大月書店）『子ども観の転換と学校づくり』（国土社）『中学教師もつらいよ』（大月書店）『こんな中学校に変えよう』（大月書店）ほか。

新採教師はなぜ追いつめられたのか

●二〇一〇年　三　月一五日———第一刷発行
●二〇一四年一〇月　一　日———第四刷発行

編著者／久冨善之・佐藤　博

発行所／株式会社 高文研
東京都千代田区猿楽町二－一－八
三恵ビル（〒一〇一＝〇〇六四）
電話　03＝3295＝3415
振替　00160＝6＝18956
http://www.koubunken.co.jp

組版／株式会社WebD（ウェブ・ディー）
印刷・製本／三省堂印刷株式会社

★万一、乱丁・落丁があったときは、送料当方負担でお取りかえいたします。

ISBN978-4-87498-437-6　C0037